“河南省职业教育品牌示范学校建设项目”改革成果教材

汽车底盘构造与维修

主　编　王金涛　丁国强
副主编　王向辉　张振国
　　　　江传超　李广海

黄河水利出版社
·郑州·

内 容 提 要

本书是根据河南省中职对口升学大纲所编著的教材，是根据汽车底盘构造与维修课程标准编写完成的。本书主要内容包括离合器、手动变速器、传动轴及驱动桥、行驶系、转向系、制动系、汽车底盘构造与维修测评试题和模拟试题及参考答案。

本书可供各类中等职业学校汽车运用与维修专业教学使用，也可作为维修人员的培训教材，以及其他学习汽车知识人员的参考用书。

图书在版编目(CIP)数据

汽车底盘构造与维修/王金涛，丁国强主编. —郑州：黄河水利出版社，2020.6

"河南省职业教育品牌示范学校建设项目"改革成果教材

ISBN 978-7-5509-2628-8

Ⅰ. ①汽… Ⅱ. ①王… ②丁… Ⅲ. ①汽车-底盘-结构-职业教育-教材②汽车-底盘-车辆修理-职业教育-教材 Ⅳ. ①U463.103②U472.41

中国版本图书馆 CIP 数据核字(2020)第 057480 号

组稿编辑：田丽萍　电话：0371-66025553　E-mail：912810592@qq.com

出 版 社：黄河水利出版社　网址：www.yrcp.com

地址：河南省郑州市顺河路黄委会综合楼 14 层　邮政编码：450003

发行单位：黄河水利出版社

发行部电话：0371-66026940、66020550、66028024、66022620(传真)

E-mail：hhslcbs@126.com

承印单位：河南承创印务有限公司

开本：787 mm×1 092 mm　1/16

印张：9.25

字数：210 千字　印数：1—1 000

版次：2020 年 6 月第 1 版　印次：2020 年 6 月第 1 次印刷

定价：50.00 元

《汽车底盘构造与维修》编委会

主　　任：吴　芳（杞县职业中等专业学校）

副 主 任：霍红磊（杞县职业中等专业学校）

　　　　　刘海生（杞县驰勇汽车维修中心）

委　　员：江传超（杞县职业中等专业学校）

　　　　　刘洪洋（杞县职业中等专业学校）

　　　　　丁国强（杞县职业中等专业学校）

　　　　　马　标（河南春蚕教育科技有限公司）

前 言

随着我国汽车工业的迅猛发展,新技术、新工艺在维修技术领域中得到广泛应用,汽车技术的发展也使汽车维修技术得到迅猛发展。本书的编写从满足经济发展对高素质劳动者和技能型人才的需求出发,在课程结构、教学内容、教学方法等方面进行了新的探索与改革创新,以利于学生更好地掌握本课程的内容,有利于学生理论知识的掌握和实际操作技能的提高。

本书由杞县职业中等专业学校承担编写工作,编写人员及编写分工如下:项目一由王金涛编写,项目二由丁国强编写,项目三由王向辉编写,项目四由张振国编写,项目五由江传超编写,项目六由李广海编写。本书由王金涛、丁国强担任主编,并负责全书统稿;由王向辉、张振国、江传超、李广海担任副主编。

在本书的编写过程中,得到了各院校的专家、教授及出版社人员的支持、帮助,同时参考了不少相关资料、著作、教材,对提供帮助的同仁及资料、著作、教材的作者,在此一并致以诚挚的谢意!

由于编者水平有限,书中难免存在疏漏和不足之处,恳请广大师生及专家、读者批评指正。

编 者

2020 年 2 月

目 录

项目一　离合器

📖 项目目标

1. 掌握离合器的功用、性能要求和类型。
2. 掌握简单离合器的基本组成和工作原理。
3. 掌握典型离合器操纵机构的类型、构造和工作原理。
4. 掌握离合器的维护和常见故障的检修方法。

📖 能力目标

1. 能正确叙述离合器的功用和构造。
2. 能对离合器位置进行简单的维护。
3. 会分析离合器产生故障的原因,能排除离合器的常见故障。

📖 重点

1. 掌握离合器的功用、性能要求和类型。
2. 掌握简单离合器的基本组成和工作原理。
3. 掌握典型离合器操纵机构的类型、构造和工作原理。
4. 掌握离合器的维护和常见故障的检修方法。

📖 难点

1. 能正确叙述离合器的功用和构造。
2. 能对离合器位置进行简单的维护。
3. 会分析离合器产生故障的原因,能排除离合器的常见故障。

📖 项目要点

一、离合器的功用

1. 使发动机与传动系逐渐接合,保证汽车平稳起步。
2. 暂时切断发动机的动力传递,保证变速器平顺换挡。
3. 限制所传递的转矩,防止传动系过载。

二、离合器的安装位置和对离合器的要求

离合器安装在发动机飞轮与变速器之间。根据离合器的功用,它应满足下列要求:

(1)既能可靠地传递发动机的最大转矩又能防止传动系过载。

(2)接合时应平顺柔和,保证汽车平稳起步,减少冲击。

(3)分离时应迅速彻底,保证变速器换挡平顺。

(4)旋转部分的平衡性好,且从动部分的转动惯量小。

(5)具有良好的通风散热能力,防止离合器温度过高。

(6)操纵轻便,以减轻驾驶员的劳动强度。

三、离合器的分类

汽车上应用的离合器主要有以下三种形式:

1. 摩擦式离合器。

2. 液力变矩器离合器。

3. 电磁式离合器。

四、离合器踏板的功用

1. 离合器踏板的安装位置。

2. 离合器踏板在液压式离合器中的位置连接关系。

3. 离合器踏板有如下功用:

(1)完全踩下离合器踏板,切断动力的传递,发动机发出的动力传不到变速器。

(2)释放离合器踏板,发动机发出的动力能够顺利传递到变速器。

(3)不完全踩下离合器踏板,离合器处于半联动状态,能够实现发动机部分动力的输出,便于汽车顺利起步。

五、离合器踏板位置的技术要求和检查方法

1. 离合器踏板的自由行程。

离合器踏板的自由行程是离合器分离杠杆的内端与分离轴承之间的间隙以及传动部件之间的间隙在离合器踏板上的反映。

2. 离合器踏板的工作行程。

消除踏板的自由行程之后,继续踩下离合器踏板,直到离合器踏板踩到底,这一段行程就是离合器踏板的工作行程。

3. 离合器踏板的总行程。

离合器踏板的总行程是指离合器踏板处于自由状态时与踏板踩到底时的距离。

六、离合器的常见故障

1. 离合器打滑。

2. 离合器分离不彻底。

3. 离合器起步发抖。

4. 离合器异响。

知识点解析

1. 离合器是安装在发动机________和________之间的传动部件。

【答案】飞轮、变速器

【解析】该题主要考察离合器的安装位置。离合器安装在发动机飞轮与变速器之间。

2. 离合器按所传递扭矩的方式不同,常见的有________、________、________。

【答案】摩擦式离合器、液力变矩器离合器、电磁式离合器

【解析】该题考察的是离合器的类型;汽车上应用的离合器主要有摩擦式离合器、液力变矩器离合器、电磁式离合器三种类型,其中摩擦式离合器目前在汽车上被广泛采用。

3. 离合器的常见故障有________、________、________和________等。

【答案】离合器打滑、分离不彻底、起步发抖、异响

【解析】该题主要考察离合器工作中的常见故障,离合器在工作中不断的分离和结合会造成离合器工作不良,出现各种故障。离合器常见的故障有离合器打滑、分离不彻底、起步发抖、异响等。

4. 关于离合器分离不彻底的原因错误的说法是(　　)。

A. 离合器踏板自由行程过大

B. 分离杠杆调整不当,其内端不在同一平面内或内端高度太低

C. 新换的摩擦片太厚或从动盘正反装错

D. 压力弹簧疲劳或折断,膜片弹簧疲劳或开裂,使压紧力下降

【答案】D

【解析】离合器分离不彻底原因主要有离合器踏板自由行程过大、从动盘正反装错、分离杠杆调整不当,其内端不在同一平面内或内端高度太低等。而压力弹簧疲劳或折断,膜片弹簧疲劳或开裂,使压紧力下降是造成离合器打滑的主要原因。

5. 下列不属于离合器功用的是(　　)。

A. 使换挡时工作平顺　　B. 防止发动机过载

C. 实现减速增矩　　D. 保证汽车起步平顺

【答案】C

【解析】该题考查的是离合器作用方面的内容,离合器的具体功用有三个方面:

(1)使发动机与传动系逐渐接合,保证汽车平稳起步。

(2)暂时切断发动机的动力传递,保证变速器平顺换挡。

(3)限制所传递的转矩,防止传动系过载。

6. 下列(　　)是汽车离合器的主要作用。

A. 保证汽车怠速平稳　　B. 使换挡时工作平顺

C. 实现倒车　　D. 增加变速比

【答案】B

【解析】该题考查的是离合器的作用,其中离合器可以暂时切断发动机的动力传递,保证变速器平顺换挡。因而选B。

7. 检查从动盘摩擦片的磨损程度选用(　　)。

A. 百分表　　B. 外径千分尺

C. 游标卡尺　　D. 直板尺和厚薄规

【答案】C

【解析】该题主要考查的是离合器从动盘摩擦片磨损的检查与测量,从动盘摩擦片表面严重磨损,用游标卡尺测量铆钉头深度。

8. 离合器打滑的原因之一是(　　)。

A. 踏板自由行程过大　　B. 摩擦片过薄

C. 摩擦片过厚　　D. 从动盘翘曲

【答案】B

【解析】离合器打滑的原因是多方面的。当压盘、飞轮变形或压盘过薄时会造成离合器打滑。

9. 液压式操纵机构具有增力作用,操纵轻便是通过工作缸活塞直径(　　)主缸活塞直径来保证的。

A. 不大于　　B. 小于　　C. 等于　　D. 略大于

【答案】D

【解析】该题考查了液压式操纵机构的知识,液压式操纵机构工作缸活塞直径略大于主缸活塞直径,所以液压式操纵机构有增力作用,以补偿液流通道的压力损失。

10. 离合器踏板无自由行程,将会引发的故障是(　　)。

A. 离合器打滑　　B. 离合器分离不彻底

C. 离合器异响　　D. 起步时发抖

【答案】A

【解析】该题考查的是离合器打滑的原因。当离合器踏板没有自由行程时,会使分离轴承压在分离杠杆上而造成离合器打滑。因而该题选 A。

11. 离合器踏板的自由行程是________。

【答案】离合器踏板的自由行程是离合器分离杠杆的内端与分离轴承之间的间隙以及传动部件之间的间隙在离合器踏板上的反映。

【解析】该题主要考查的是离合器踏板行程的有关内容,离合器的行程主要包括自由行程、工作行程、总行程。

12. 调整离合器踏板位置,主要是指调整离合器的(　　)。

A. 压紧装置　　B. 主动部分　　C. 从动部分　　D. 踏板行程

【答案】D

【解析】该题主要考查离合器踏板位置的调整,其调整包括离合器踏板自由行程和离合器踏板高度。因而该题选 D。

13. 膜片弹簧工作中具有高速时压紧力稳定的特点。(　　)

【答案】正确

【解析】膜片弹簧具有弹性特性好,压紧力均匀,轴向尺寸短,而且在使用中不需要专门的分离杠杆等特点。因而该题正确。

14. 变速器是传动系中切断和传递动力的部件,是汽车传动系中的重要组成部分。(　　)

【答案】错误

【解析】离合器的作用是传动系中切断和传递动力的部件,是汽车传动系中的重要组成部分,而不是变速器。因而错误。

15. 离合器踏板的总行程是指消除踏板的工作行程后,继续踩下离合器踏板直到踏板到底的行程。(　　)

【答案】错误

【解析】该题考查的是离合器踏板的行程,离合器踏板的总行程是指消除踏板的工作行程后,继续踩下离合器踏板,直到离合器踏板到底的行程。

16. 汽车行驶中脚可以长时间踩在离合器踏板上。(　　)

【答案】错误

【解析】汽车行驶中脚不要踩在离合器踏板上。除汽车起步、换挡和低速刹车时需要踩下离合器踏板外,其他时间都不要踩离合器踏板,或把脚放在离合器踏板上。

17. 在汽车行驶中换挡时,离合器踏板应迅速踩下并抬起。(　　)

【答案】正确

【解析】在汽车行驶中换挡时，离合器踏板应迅速踩下并抬起，不要出现半联动现象，否则会加速离合器的磨损。

18. 离合器踏板的自由行程一般为 22~29 mm。(　　)

【答案】正确

【解析】离合器踏板的自由行程一般是这个范围，但这只是典型参数，不同的车型和发动机可能有不同的参数。应视不同的车型根据具体的规定进行调整。

项目测评

一、填空题

1. 离合器是安装在发动机________和________之间的传动部件。

2. 离合器的主动部分与发动机________相连，从动部分与________在汽车从起步到行驶的整个过程中，驾驶员可根据需要操纵离合器，使发动机与变速器________相连或逐渐________，以________或________发动机向传动系输出的动力。

3. 离合器按所传递扭矩的方式不同，常见的有________、________、________。

4. 机械式操纵机构有________和________两种形式。

5. 离合器操纵机构按操纵能源不同分为________和________两类。

6. 离合器按所用传递动力的方式不同分为________和________两种。

7. 绳索传动机构可消除杆系传动机构的一些缺点，并能采用便于驾驶员操纵的________踏板。但绳索________、________较小，故只适用于________、________、________，例如________、________离合器的操纵机构中，就采用了绳索传动机构。

8. 杆系传动机构广泛应用于各型汽车上，例如东风________型汽车即为杆系传动机构。但杆系传动机构中，________车架或车身变形及发动机位移时会影响其正常工作。

9. 液压式操纵机构主要由________、________和________组成。

10. 扭转减震器主要由________和________两部分组成。

11. 膜片式离合器主要特点是用一个________代替________和________。

12. 摩擦式离合器基本上由________、________、________和________四部分组成。

13. 摩擦式离合器按从动盘的数目不同可分为________、________、________。

14. 为了减小离合器转动过程中产生的冲击，从动盘应安装有________。

15. 摩擦式离合器按压紧弹簧的形式及布置形式的不同可分为________、________。

16. 离合器的从动部分由________和________组成。

17. 离合器从动盘的常见耗损有膜片的________、________、________、________、________。

18. 检查从动盘的端面圆跳动，在距从动盘外边缘处测量，离合器从动盘最大端面圆跳动为________、________。

19. 摩擦片的磨损程度可用游标卡尺进行测量，铆钉头埋入深度应不小于________。

20. 离合器分离杠杆的内端与________之间的间隙在离合器踏板上的反映是离合器踏板的________。

21. 离合器的常见故障有________、________、________和________等。

22. 液压式操纵机构工作时，当活塞前皮碗将补偿孔关闭后，管路中油压________，工作缸活塞________，分离套筒和________左移，使离合器________。

23. 离合器压盘的损伤形式有________、________及________。

二、选择题

1. 离合器从动盘安装在________上。 ( )

A. 发动机曲轴　　B. 变速器输入轴

C. 变速器输出轴　　D. 变速器中间轴

2. 离合器压盘靠飞轮带动旋转，同时它还可以相对飞轮________。 ( )

A. 径向移动　　B. 平面摆动　　C. 轴向移动　　D. 轴向摆动

3. 属于单盘离合器从动部分的是________。 ( )

A. 飞轮　　B. 压盘　　C. 从动盘　　D. 离合器盖

4. 离合器从动盘中的减震器弹簧的作用是________。 ( )

A. 吸收传动系所受冲击　　B. 压紧压盘的机械力

C. 吸收扭力　　D. 以上都不是

5. 东风 EQ1090E 型汽车离合器的分离杠杆支点采用浮动销的主要目的是________。 ( )

A. 避免运动干涉　　B. 利于拆装

C. 提高强度　　D. 节省材料

6. 当发动机运转，离合器处于完全接合状态时，变速器的第一轴________。 ( )

A. 不转动　　B. 比发动机曲轴转速低

C. 与发动机曲轴转速相同　　D. 比发动机曲轴转速高

7. 以下哪一个选项不属于对离合器基本性能的要求。 ( )

A. 分离彻底　　B. 接合柔和

C. 操纵轻便　　D. 从动部分转动惯量大

8. 离合器分离轴承与分离杠杆之间的间隙是为了________。 ( )

A. 实现离合器踏板的自由行程　　B. 减轻从动盘磨损

C. 防止热膨胀失效　　D. 保证摩擦片正常磨损后离合器不失效

9. 东风 EQ1090E 型汽车离合器盖用钢板冲压而成，在其侧面与飞轮接触处有四个缺口，制成这四个缺口的主要目的是________。 ( )

A. 减轻离合器总成的质量　　B. 使离合器通风散热

C. 使离合器受力平衡　　D. 节省材料

10. 关于离合器打滑的原因错误的说法是________。 ( )

A. 离合器踏板没有自由行程，使分离轴承压在分离杠杆上

B. 离合器踏板自由行程过大

C. 从动盘摩擦片、压盘或飞轮工作面磨损严重，离合器盖与飞轮的连接松动

D. 从动盘摩擦片油污、烧蚀、表面硬化、铆钉外露、表面不平，使摩擦系数下降

11. 关于离合器分离不彻底的原因错误的说法是________。 ( )

A. 离合器踏板自由行程过大

B. 分离杠杆调整不当，其内端不在同一平面内或内端高度太低

C. 新换的摩擦片太厚或从动盘正反装错

D. 压力弹簧疲劳或折断，膜片弹簧疲劳或开裂，使压紧力下降

12. 起步发抖的原因是________。　（　）

A. 分离轴承套筒与导管油污、尘腻严重，使分离轴承不能回位

B. 从动盘或压盘翘曲变形，飞轮工作端面的端面圆跳动严重

C. 分离轴承缺少润滑剂，造成干磨或轴承损坏

D. 新换的摩擦片太厚或从动盘正反装错

13. 离合器分离或接合时发出不正常的响声的原因是________。　（　）

A. 分离轴承缺少润滑剂，造成干磨或轴承损坏

B. 从动盘或压盘翘曲变形，飞轮工作端面的端面圆跳动严重

C. 膜片弹簧弹力减弱

D. 分离杠杆弯曲变形，出现运动干涉，不能回位

14. 当膜片离合器摩擦片磨损后，离合器踏板的自由行程________。　（　）

A. 变大　B. 不变化　C. 变小　D. 以上都有可能

15. 在正常情况下，发动机工作时，离合器踏板处于自由状态时，________。　（　）

A. 发动机的动力不传给变速器　B. 发动机的动力传给变速器

C. 离合器分离杠杆受力　D. 离合器的主从动部分分离

16. 下列不属于离合器功用的是________。　（　）

A. 使换挡时工作平顺　B. 防止发动机过载

C. 实现减速增矩　D. 保证汽车起步平顺

17. 下列________是汽车离合器的主要作用。　（　）

A. 保证汽车怠速平稳　B. 使换挡时工作平顺

C. 实现倒车　D. 增加变速比

18. 液压式操纵机构具有增力作用，操纵轻便是通过工作缸活塞直径________主缸活塞直径来保证的。　（　）

A. 不大于　B. 小于　C. 等于　D. 略大于

19. 膜片弹簧式离合器以膜片弹簧取代螺旋弹簧及分离杠杆，可免除________的麻烦。　（　）

A. 分离杠杆磨损不匀　B. 螺旋弹簧疲劳及变软

C. 调整分离杠杆高度　D. 维修与拆装

20. 下列不属于离合器液压式操纵机构的是________。　（　）

A. 离合器主缸　B. 离合器工作缸　C. 离合器踏板　D. 膜片弹簧

21. 膜片弹簧式离合器分离时通过________将压盘与从动盘分离。　（　）

A. 前支承环　B. 后支承环　C. 分离钩　D. 以上都是

22. 当汽车膜片弹簧式离合器的从动盘磨损时，膜片弹簧对压盘的压力将________。
（　）

A. 减小　B. 增大　C. 不变　D. 消失

23. 膜片弹簧两侧装有钢丝支承环，是为了膜片弹簧工作时________。（ ）

A. 克服阻尼力　B. 减少振动　C. 分离压盘　D. 形成支点

24. 膜片弹簧离合器的主动部分除飞轮和壳体外，还有________。（ ）

A. 从动盘　B. 分离杠杆　C. 压紧弹簧　D. 压盘

25. 检查从动盘摩擦片的磨损程度选用________。（ ）

A. 百分表　B. 外径千分尺　C. 游标卡尺　D. 直板尺和厚薄规

26. 离合器打滑的原因之一是________。（ ）

A. 踏板自由行程过大　B. 摩擦片过薄

C. 摩擦片过厚　D. 从动盘翘曲

27. 离合器工作时发出噪声或抖动，原因可能是________。（ ）

A. 变速器后油封漏油　B. 同步器损坏

C. 发动机漏油到摩擦盘上　D. 离合器分离轴承损坏

28. 离合器踏板无自由行程，将会引发的故障是________。（ ）

A. 离合器打滑　B. 离合器分离不彻底

C. 离合器异响　D. 起步时发抖

29. 离合器分离杠杆内端高低不平，会导致________。（ ）

A. 离合器打滑　B. 离合器发抖

C. 离合器分离不彻底　D. 离合器异响

30. 离合器是通过________将动力传给变速器第一轴的。（ ）

A. 主动部分　B. 压紧装置　C. 操纵机构　D. 从动部分

31. 离合器冲动摩擦片的磨损量可通过________来获得。（ ）

A. 用游标卡尺测量铆钉头埋入的深度

B. 测量钢片端面圆跳动量

C. 用外径千分尺测量钢片的厚度

D. 用百分表测量从动盘的端面圆跳动

32. 汽车重载山坡时，发动机运转无力，同时可闻到焦臭味，故障可能是________。（ ）

A. 制动拖滞　B. 离合器打滑

C. 离合器分离不彻底　D. 变速器脱挡

33. 离合器工作中，需反复进行调整的是________。（ ）

A. 压机装置　B. 主动部分　C. 从动部分　D. 分离机构

34. 分离杠杆不平将导致离合器________。（ ）

A. 分离不彻底　B. 接合不完全　C. 操作费力　D. 散热差

35. 膜片式离合器无________。（ ）

A. 压盘　B. 从动盘　C. 分离杠杆　D. 滑动套管

36. 液压式离合器操纵机构在迅速放松踏板时，管路中多余的油会经________流回储油室。（ ）

A. 补偿孔　B. 进油孔　C. 旁通阀　D. 回油阀

37. 摩擦式离合器的主、从动件间,是利用________传递扭矩的。 ( )

A. 摩擦力 B. 电磁力 C. 液体介质 D. 离心力

38. 在离合器中属于主动件的是________。 ( )

A. 离合器盖和离合器轴 B. 飞轮和压盘、离合器盖

C. 飞轮和离合器轴 D. 离合器轴与从动盘

39. 摩擦式离合器所能传递的最大扭矩是发动机输出额定扭矩的________。 ( )

A. 1 倍 B. 1. 4~2 倍 C. 2 倍 D. 2. 5 倍

40. 目前,在汽车离合器上采用最多的操纵机构的形式是________。 ( )

A. 机械式和气压式 B. 机械式和液压式

C. 气压式和液压式 D. 气压式

41. 桑塔纳 2000 轿车离合器压紧机构采用的弹簧是________。 ( )

A. 多簧式 B. 中央弹簧式 C. 膜片弹簧式 D. 复合式

42. 在离合器长期使用后,会发生明显变化严重影响工作性能的是________。

( )

A. 摩擦数目 B. 压紧力值

C. 摩擦系数 D. 压紧力和摩擦系数

43. 曲轴后端油封损坏漏油,离合器会出现________。 ( )

A. 分离不彻底 B. 离合器打滑 C. 离合器发抖 D. 离合器异响

44. 调整离合器踏板位置,主要是指调整离合器的________。 ( )

A. 压紧装置 B. 主动部分 C. 从动部分 D. 踏板行程

45. 离合器的行程不包括________。 ( )

A. 自由行程 B. 杠杆行程 C. 工作行程 D. 总行程

46. 离合器操纵机构故障原因不包括________。 ( )

A. 离合器踏板自由行程过大 B. 从动盘钢片翘曲

C. 从动盘装反 D. 车身变形

47. 液压式操纵机构在迅速放松踏板时,管路中多余的油会经________流回储油室。

( )

A. 补偿孔 B. 进油孔 C. 旁通孔 D. 回油阀

48. 膜片弹簧式离合器无________零件。 ( )

A. 压盘 B. 从动盘 C. 分离杠杆 D. 滑动套管

49. 离合器打滑故障的原因不包括________。 ( )

A. 从动盘摩擦片表面硬化 B. 从动盘正反装反

C. 分离轴承轴向运动发卡 D. 压力弹簧过软

三、名词解释

1. 离合器踏板的自由行程

2. 离合器踏板的工作行程

3. 离合器踏板的总行程

四、判断题(正确打√、错误打×)

1. 离合器限制了传动系可能承载的最大扭矩,同时防止传动系过载。（　　）

2. 从动盘上的扭转减震器能延长传动系零件的使用寿命和减少振动噪声。（　　）

3. 发动机的动力依次经飞轮、离合器盖、传动片、压盘传递给夹在压盘和飞轮之间的从动盘。（　　）

4. 膜片弹簧工作中具有高速时压紧力稳定的特点。（　　）

5. 液压式操纵机构具有摩擦阻力小,重量轻,操纵轻便,接合柔和,布置方便,不受车身车架变形的影响等特点。（　　）

6. 安装离合器时应注意平衡片的位置。（　　）

7. 在摩擦面压紧力、摩擦面的尺寸、材料的摩擦系数相同的条件下,双片离合器比单片离合器传递的转矩要大。（　　）

8. 分离杠杆内端高低不一致将导致离合器分离不彻底,并且汽车在起步时车身发生颤抖现象。（　　）

9. 离合器在使用过程中,不允许出现摩擦片与压盘、飞轮之间有任何相对滑移的现象。（　　）

10. 膜片弹簧式离合器的结构特点之一:用膜片弹簧取代压紧弹簧和分离杠杆。（　　）

11. 在离合器接合的情况下,汽车无法切断发动机与传动系的动力传递。（　　）

12. 膜片弹簧可使离合器简化,但在高速旋转时,其压紧力受离心力影响,不适用于轿车。（　　）

13. 离合器踏板自由行程过大,使分离轴承压在分离杠杆上,造成离合器打滑。（　　）

14. 从动盘摩擦片、压盘或飞轮工作面磨损严重,离合器盖与飞轮的连接松动,使压紧力减弱,造成离合器打滑。（　　）

15. 离合器液压式操纵机构漏油、有空气或油量不足,会造成离合器分离不彻底。（　　）

16. 离合器踏板自由行程过大,会造成离合器分离不彻底。（　　）

17. 从动盘或压盘翘曲变形,飞轮工作端面的端面圆跳动严重会造成起步发抖现象。（　　）

18. 离合器不留自由间隙或自由间隙过小,会造成离合器分离不彻底。（　　）

19. 从动盘一般都带有扭转减震器,其作用是消除传动系统的扭转振动。（　　）

20. 为使汽车迅速起步，驾驶人应快速放松离合器踏板。 ( )

21. 汽车离合器摩擦片沾油污或磨损严重，会引起离合器打滑。 ( )

22. 离合器主缸活塞直径略大于工作缸活塞直径，故其液压式操纵机构具有增力作用，使操纵轻便。 ( )

五、简答题

1. 离合器的类型有哪些？

2. 摩擦式离合器有哪几种分类方法？分几类？

3. 对离合器的技术要求有哪些？

4. 离合器的具体功用有哪些？

5. 离合器踏板的功用有哪些？

6. 离合器踏板的正确使用方法是什么？

7. 离合器操纵机构的作用有哪些？

8. 简述离合器操纵机构分离不彻底的故障诊断与检修的方法。

9. 简述离合器液压式操纵机构中空气的排出方法。

10. 离合器打滑的主要原因有哪些？

11. 离合器异响的主要原因有哪些？

12. 离合器起步发抖的原因有哪些？

13. 离合器分离不彻底的原因有哪些？

项目二 手动变速器

项目目标

1. 掌握手动变速器的作用、类型。

2. 了解手动变速器油的类型，掌握手动变速器的检查与更换方法。

3. 掌握典型变速器变速传动机构的构造及各挡的传动情况。

4. 掌握同步器的作用、类型及工作原理。

5. 了解变速器的常见故障，并能进行诊断排除。

难点

1. 了解手动变速器油的类型，掌握手动变速器的检查与更换方法。

2. 了解变速器的常见故障，并能进行诊断排除。

项目要点

一、手动变速器的作用、类型

手动变速器的作用：

1. 实现变速变扭；

2. 实现倒车；

3. 实现中断动力传递。

变速器的类型：

1. 按传动比变化方式分类。

传动比是指主动齿轮的转速与从动齿轮的转速之比。

(1)有级变速器。

(2)无级变速器。

(3)综合式变速器。

2. 按操纵方式不同分类。

(1)手动挡变速器。

(2)自动挡变速器。

(3)手自一体变速器。

二、手动变速器的检查与更换

(1)举升车辆至合适位置，并可靠锁止。

(2)拆卸变速器注油螺塞和衬垫。

(3)检查并确认油面在变速器注油螺栓开口下 0~5 mm。

(4)拆卸放油螺栓，并将机油收集器推至变速器正下方；对正放油螺栓，以回收废的齿轮。

(5)待放油口不再滴落时，按规定力矩旋紧放油螺栓。

(6)将装有新变速器油的机油收集器推至变速器正下方，加注变速器油至规定液面。

(7)检查加注的变速器油面是否正常。

(8)完全降下车辆,运行车辆。

(9)举升车辆至合适位置,并可靠锁止,检查变速器是否漏油。

三、同步器的作用、类型及工作原理

同步器的主要作用是实现换挡时接合套与待啮合齿圈迅速同步,缩短换挡时间,防止在同步前啮合而产生齿轮撞击声。

四、变速器的常见故障

发现变速器的常见故障,并能进行诊断排除。

五、自动挡变速器各挡位的含义

D—前进挡;P—驻车挡;R—倒挡;N—空挡。

知识点解析

1. 手动变速器主要由________、________、________三部分组成。

【答案】变速传动机构、变速操纵机构、同步器

【解析】该题主要考查手动变速器的组成;手动变速器主要由变速传动机构、变速操纵机构、同步器三部分组成。

2. 汽车齿轮油按使用性能要求可分为________、________、________、________、________和________六类。常用的是________和________两类。

【答案】GL-1、GL-2、GL-3、GL-4、GL-5、GL-6、GL-4、GL-5

【解析】该题主要考查齿轮油的类型,美国石油协会将车辆齿轮油按使用性能分为GL-1、GL-2、GL-3、GL-4、GL-5和GL-6六类,其中使用较多的是GL-4和GL-5两类。

3. 手动变速器按轴的数量可分为________、________。

【答案】二轴式、三轴式

【解析】该题考查的是手动变速器的类型,手动变速器按轴的数量可分为二轴式(不包括倒挡轴)、三轴式。

4. 同步器有________和________两种类型。

【答案】锁环式、锁销式

【解析】该题考查的是同步器的类型,同步器按其工作原理不同可分为锁环式同步器、锁销式同步器两类。

5. 以下哪种变速器有直接挡?(　　)

A. 三轴式　　　　B. 二轴式

C. 二轴式和三轴式　　　　D. 以上都不是

【答案】C

【解析】该题考查的是变速器的特点,三轴式手动变速器传动比范围大,直接挡传动效率提高。因而选C。

6. 二轴式变速器适用于(　　)的布置形式。

A. 发动机前置前轮驱动

B. 发动机前置全轮驱动

C. 发动机中置后轮驱动

【答案】A

【解析】该题考查的是二轴式变速器的有关内容,二轴式手动变速器采用发动机前置前轮驱动,省去了中间轴,挡位传动效率要高一些。

7. 手动变速器的变速原理是(　　)。

A. 利用改变直径不同的齿轮啮合　　B. 改变转向

C. 改变方向　　D. 改变输出的转速

【答案】A

【解析】因为一对齿轮传动只能得到一个固定的传动比,从而得到一种输出转速,并构成一个挡位。为了扩大变速器输出转速的变化范围,手动变速器通常采用多组大小不同的齿轮啮合传动。因而该题选 A。

8. 以下手动变速器的作用中不正确的是(　　)。

A. 在一定范围内任意改变传动比

B. 提供空挡

C. 在不改变曲轴旋转方向的情况下,使汽车能倒退

D. 可以换挡以改变汽车的牵引力

【答案】A

【解析】该题考查的是手动变速器的作用,手动变速器为了改变传动比,实现变速变扭而设置前进挡,以适应汽车在各种行驶条件下所需要的牵引力;设置倒挡实现倒车;设置空挡实现中断动力传递。

9. 手动变速器自锁装置的作用是避免拨叉轴自行移动而(　　)。

A. 乱挡　　B. 挂挡　　C. 脱挡　　D. 变挡

【答案】C

【解析】变速器操纵机构中设置自锁装置的目的是防止汽车行驶过程中变速器自动脱档。

10. 以下(　　)不属于同步器。

A. 锁环　　B. 花键毂　　C. 摩擦锥盘　　D. 滚柱轴承

【答案】D

【解析】该题考查的是同步器的组成,锁环式同步器由锁环、花键毂、缺口、定位凹槽组成;锁销式同步器由油锁销、接合套、摩擦锥环、摩擦锥盘等组成。所以,该题选 D。

11. 变速箱内用来保证全齿啮合的是(　　)。

A. 自锁装置　　B. 互锁装置　　C. 倒挡锁止装置　　D. 锁止机构

【答案】A

【解析】变速器操纵机构中设置自锁装置的目的是防止汽车行驶过程中变速器自动脱挡,并保证各挡传动齿轮以全齿长啮合。

12. 变速器应具有空挡和倒挡。(　　)

【答案】正确

【解析】该题考查的是变速器的作用。

13. 一般车辆行驶 30 000 km 需要更换变速器油。(　　)

【答案】错误

【解析】变速器油的检查或更换周期按各厂家规定进行，一般当车辆行驶 30 000 km 时需检查变速器油位，变速器油不需要更换。

14. 手动变速器齿轮机构的润滑采用齿轮油压力润滑的方式。（ ）

【答案】错误

【解析】该题考查的是手动变速器的润滑方式，手动变速器齿轮机构的润滑采用齿轮油飞溅润滑的方式。

15. 传动比大的挡位为低速挡位，传动比小的挡位为高速挡位。（ ）

【答案】正确

【解析】一对齿轮传动只能得到一个固定的传动比，普通齿轮式变速器都采用多组大小不同的齿轮啮合传动，构成多个挡位，对应不同的挡位，均有不同的传动比。由此可见，传动比大的挡位为低速挡位，传动比小的挡位为高速挡位。

16. 直接操纵式的变速器多用于发动机前置后轮驱动的车辆。（ ）

【答案】正确

【解析】操纵机构按变速器操纵手柄和操纵位置不同可分为远距离操纵式和直接操纵式；直接操纵式驾驶员可以直接操纵，多用于发动机前置后轮驱动的车辆。

17. 变速器操纵机构中设置互锁装置的目的是防止汽车行驶过程中变速器自动挂挡及自动脱挡。（ ）

【答案】错误

【解析】该题考查的是互锁装置的作用及目的，变速器操纵机构有自锁装置和互锁装置两种。互锁装置的目的是保证不同时挂入两个挡；自锁装置的目的是防止汽车行驶过程中变速器自动挂档及自动脱挡。

18. 手动变速器挂挡困难主要表现为变速器不能顺利挂入挡位或完全不能挂上挡。（ ）

【答案】正确

【解析】该题主要考查的是变速器挂挡困难的故障现象。手动变速器挂挡困难的故障现象是变速器不能顺利地挂入挡位，往往伴有齿轮撞击声，或完全不能挂上挡。

19. 变速器安装时不用对标记。（ ）

【答案】错误

【解析】变速器在装配中应注意，变速器在向车上装配的时候应对正前期做的装配标记。

20. 变速操纵机构的主要作用是实现换挡时接合套与待啮合齿圈迅速同步，缩短换挡时间。（ ）

【答案】错误

【解析】实现换挡时接合套与待啮合齿圈迅速同步，缩短换挡时间，防止在同步前啮合而产生的齿轮撞击声。这是同步器的作用。

项目测评

一、填空题

1. 对于前置前驱的车辆，手动变速器安装在________之后，左右驱动轮________之前；对于前置后驱的车辆，手动变速器安装在________之后，________之前。对于后置后驱的车辆，手动变速器安装在左右驱动轮半轴________，离合器________。

2. 变速器按传动比变化方式不同可分为________、________和________三种。按操纵方式不同可分为________、________和________三种。

3. 汽车齿轮油按使用性能要求可分为________、________、________、________和________六类。常用的是________和________两类。

4. 手动变速器主要由________、________、________三部分组成。

5. 手动变速器按轴的数量可分为________、________。

6. 同步器有________和________两种类型。

7. 锁环式同步器由________、________、________和________等零件组成。

8. 锁销式同步器由________、________、________和________等组成。

9. 操纵机构按变速器操纵手柄和变速器的位置不同可分为________和________。

10. 变速器挂倒挡时，第二轴的旋转方向与发动机曲轴的旋转方向________。

11. 三轴式变速箱与二轴式变速箱相比，可获得________挡传动，此时，变速器的________最高。

12. 变速器的磨合可分为________和________两个阶段。

二、选择题

1. 变速器中超速挡的齿轮传动比________。　　（　　）

A. 大于 1　　B. 小于 1　　C. 等于 1　　D. 以上都不是

2. 以下哪种变速器有直接挡？　　（　　）

A. 三轴式　　B. 二轴式　　C. 二轴式和三轴式　　D. 以上都不是

3. 三轴式变速器前进挡一般需要________齿轮传动才能将动力传出。　　（　　）

A. 一对　　B. 二对　　C. 三对　　D. 四对

4. 下面哪一个不是三轴式变速器中的零部件？　　（　　）

A. 中间轴　　B. 变速器壳　　C. 支承轴承　　D. 半轴

5. 在多轴驱动汽车中，将变速器输出的动力分配给各驱动桥的装置是________。　　（　　）

A. 副变速器　　B. 主减速器　　C. 分动器　　D. 差速器

6. 二轴式变速器的特点是输入轴与输出轴________，且无中间轴。　　（　　）

A. 重合　　B. 垂直　　C. 平行　　D. 斜交

7. 二轴式变速器适用于________的布置形式。　　（　　）

A. 发动机前置前轮驱动　　B. 发动机前置全轮驱动

C. 发动机中置后轮驱动　　D. 发动机前置后轮驱动

8. 当离合器处于完全结合状态时，变速器一轴________。　　（　　）

A. 不转动　　B. 大丁发动机曲轴转速

C. 与发动机曲轴转速相同　　D. 小于发动机曲轴转速

9. 锁环式惯性同步器加速同步过程的主要原因是________。　（　）

A. 作用在锁环上的推力　　B. 惯性力

C. 摩擦力　　D. 以上各因素综合

10. 汽车传动系统传动比越小，则________。　（　）

A. 传动系统输出转矩越小　　B. 车速越小

C. 挡位越低　　D. 发动机转速越低

11. 手动变速器的变速原理是________。　（　）

A. 利用改变直径不同的齿轮啮合　　B. 改变转向

C. 改变方向　　D. 改变输出的转速

12. 以下手动变速器的作用中不正确的是________。　（　）

A. 在一定范围内任意改变传动比

B. 提供空挡

C. 在不改变曲轴旋转方向的情况下，使汽车能倒退

D. 可以换挡以改变汽车的牵引力

13. 齿轮变速原理是利用直径不同的齿轮啮合改变输出的________。　（　）

A. 转速　　B. 转矩　　C. 转速和转矩　　D. 力

14. 手动变速器自锁装置的作用是避免拨叉轴自行移动而________。　（　）

A. 乱挡　　B. 挂挡　　C. 脱挡　　D. 变挡

15. 目前，手动变速器较多采用________同步器。　（　）

A. 常压式　　B. 惯性式　　C. 自增力式　　D. 其他形式

16. 汽车挡位越低，________，获得转矩越大。　（　）

A. 速比越小，驱动轴的转速便越低

B. 速比越大，驱动轴的转速便越低

C. 速比越大，驱动轴的转速便越高

D. 速比越小，驱动轴的转速便越高

17. 当自锁装置失效时，手动变速器容易造成________故障。　（　）

A. 乱挡　　B. 跳挡

C. 异响　　D. 挂挡后不能退回空挡

18. 在手动变速器中有一对传动齿轮，其中主动齿轮的齿数是 A，从动齿轮的齿数是 B，且 $A>B$，此传动的结果将会是________。　（　）

A. 减速、减扭　　B. 减速、增扭

C. 增速、减扭　　D. 增速、增扭

19. 当互锁装置失效时，变速器容易造成________故障。　（　）

A. 乱挡　　B. 跳挡

C. 异响　　D. 挂挡后不能退回空挡

20. 轿车的手动变速器一般不设置________。　（　）

A. 第一轴　　B. 第二轴　　C. 中间轴　　D. 倒挡轴

21. 以下________不属于同步器。（　　）

A. 锁环　B. 花键毂　C. 摩擦锥盘　D. 滚柱轴承

22. 手动变速器不包括________机件。（　　）

A. 齿轮及壳体　B. 同步器　C. 操纵机构　D. 传动轴

23. 锁环式惯性同步器不包括________组件。（　　）

A. 锁环　B. 接合套

C. 锥块及弹簧圈　D. 花键毂

24. 安装变速器盖时,要求________。（　　）

A. 各齿轮和拨叉均应处于空挡位置　B. 各齿轮处于空挡位置

C. 拨叉处于空挡位置　D. 齿轮和拨叉处在挡位对应位置

25. 同步是指待啮合齿轮的________。（　　）

A. 转速相同　B. 角速度相同

C. 圆周速度相同　D. 速度相同

26. 一般超速挡的传动比范围在________。（　　）

A. 0.75~0.85　B. 0.7~0.8　C. 0.75~0.80　D. 0.70~0.85

27. 变速箱的各挡位磨合时间应不少于________min。（　　）

A. 10~15　B. 15~20　C. 10~25　D. 30

28. 变速箱内用来保证全齿啮合的是________。（　　）

A. 自锁装置　B. 互锁装置　C. 倒挡锁止装置　D. 锁止机构

三、名词解释

1. 传动比

2. 综合式变速器

3. 无级变速器

4. 有级变速器

5. 二轴式变速器

6. 三轴式变速器

7. 手动挡变速器

8. 自动挡变速器

9. 手自一体变速器

四、判断题(正确打√,错误打×)

1. 变速器第一轴与第二轴相互平行且在同一条直线上,因此第一轴转动,第二轴也随着转动。 ( )

2. 变速器倒挡传动比数值设计得较大,一般与一挡传动比数值相近。这主要是为了倒车时,汽车应具有足够大的驱动力。 ( )

3. CA1092 型汽车变速器采用两种同步器,锁销式惯性同步器和锁环式惯性同步器。 ( )

4. 变速器在换挡时,为避免同时挂入两挡,必须装设自锁装置。 ( )

5. 变速器的挡位越低,传动比越小,汽车的行驶速度越低。 ( )

6. 同步器能够保证变速器换挡时,待啮合齿轮的圆周速度迅速达到一致,以减少冲击和磨损。 ( )

7. 变速器齿轮应成对更换。 ( )

8. 变速器的挡位越低,传动比越小,汽车的行驶速度越低。 ( )

9. 互锁弹簧的弹力减弱容易造成变速器跳挡。 ( )

10. 变速器互锁装置的作用是防止变速器自动脱挡或掉挡。 ( )

11. 自锁弹簧的弹力减弱容易造成变速器跳挡。 ( )

12. 变速器应具有空挡和倒挡。 ( )

13. 变速器每次只能在一个挡位工作。 ( )

14. 变速器通过挂入空挡的形式,在发动机运转的情况下,中断动力输出。 ( )

15. 变速器装配后,要检查各齿轮的轴向间隙和各齿轮副的啮合间隙及啮合印痕。 ( )

16. 在变速器解体时,应对同步器各元件做好装配记号,以免装错。 ( )

17. 变速器装配后,应按规定进行变速器的磨合试验,以改善零件摩擦表面的接触状况,检查变速器的修理和装配品质。 ( )

18. 安装变速器盖时,各齿轮和拨叉均应处于空挡位置。 ( )

19. 相互啮合的两齿轮转速之比等于两齿轮齿数之比。 ( )

20. 汽车倒挡是通过改变发动机曲轴的旋转方向实现的。 ( )

21. 二轴式变速器除设有输入轴、输出轴和倒挡轴外,还设有中间轴。 ( )

22. 传动比小于 1 的挡位是超速挡。 ( )

23. 当需要挂倒挡时，只能在汽车处于静止状态时才能挂入倒挡。 (　　)
24. 直接挡的传动比等于1。 (　　)
25. 汽车在换挡过程中，要顺利地挂挡，必须使啮合的一对齿轮的圆周速度相等。
(　　)
26. 同步器的作用是防止换挡冲击，实现顺利换挡。 (　　)

五、简答题

1. 变速器的作用是什么？

2. 简述手动变速器换挡原理。

3. 简述手动变速器的基本组成及各个部分的作用。

4. 选用齿轮油的注意事项有哪些？

5. 简述同步器的作用。

6. 简述手动变速器挂挡困难故障与诊断方法。

7. 变速器装配过程中应注意哪几点？

8. 简述更换手动变速器油的步骤。

9. 试说明变速器操纵机构几个锁止机构的作用。

10. 简述手动变速器的拆装步骤。

11. 手动变速器换挡困难的原因有哪些？

项目三 传动轴及驱动桥

项目目标

1. 掌握万向传动装置的作用、类型及结构。
2. 了解万向节的日常维护措施，掌握万向传动装置的检修方法。
3. 掌握驱动器的作用、类型及结构。
4. 了解驱动桥的日常维护措施。
5. 了解驱动桥的常见故障，并能进行诊断排除。

重点

1. 掌握万向传动装置的作用、类型及结构。
2. 掌握驱动器的作用、类型及结构。

难点

1. 了解万向节的日常维护措施，掌握万向传动装置的检修方法。
2. 了解驱动桥的日常维护措施。
3. 了解驱动桥的常见故障，并能进行诊断排除。

项目要点

一、万向传动装置的作用

在汽车标准传动方式中，前置的发动机与后驱动轮之间存在很大段空间距离，由于车轮在汽车运行过程中会随着路面的起伏上下跳动而发动机和变速器总成的动力输出端位置相对车架保持不变，因此必须在两者之间建立起既能够维持动力传递，同时又能允许两者相对运动的传动关系，该任务通常由传动系中的万向传动装置完成。

二、驱动桥的作用

汽车驱动桥是传动系中的最终环节，它兼有继续放大发动机扭矩、改变动力流向和实现两驱动轮间差速等作用。

三、万向传动装置及驱动桥的故障检修的必要性

万向传动装置及驱动桥在使用过程中由于频繁起步、加速、制动、转向，以及在高转速、大负荷工况下工作，零件会产生磨损或损伤，产生异响，致使其使用性能下降。为了减轻零件磨损、延长使用寿命，应定期对万向传动装置进行维护，其中检查半轴防尘罩是对万向传动装置维护的重要措施之一。由于万向传动装置及驱动桥对于汽车正常行驶的重要性，万向传动装置及驱动桥故障的诊断与排除也是日常维修中常见的维修项目之一。

四、主减速器的作用

主减速器又称主传动器，其作用是降低传动轴传来的转速，增大输出扭矩，并改变旋转方向，使传动轴的左右旋转变为半轴的前后旋转。

知识点解析

1. 汽车驱动桥是传动系中的最终环节。（　）

【答案】正确

【解析】该题考查的是汽车驱动桥的作用；汽车驱动桥是传动系中的最终环节，它兼有继续放大发动机扭矩、改变动力流向和实现两驱动轮间差速等作用。

2. 十字轴式刚性万向节主要用于发动机前置前轮驱动的内外半轴之间。(　　)

【答案】错误

【解析】该题主要考查万向节的作用。十字轴式刚性万向节主要用于发动机前置后轮驱动的变速器与驱动桥之间；等速万向节主要用于发动机前置前轮驱动的内外半轴之间。

3. 传动轴是万向传动装置中的主要传力部件，都是在变速器和传动轴间传递动力。(　　)

【答案】错误

【解析】该题考查的是传动轴的作用，传动轴是万向传动装置中的主要传力部件。在前置后驱的车辆中，一般用来在变速器和传动轴间传递动力。前置前驱的车辆不是这样。

4. 安装万向节时，卡箍可以重复使用，不必更换。(　　)

【答案】错误

【解析】安装万向节时，卡箍不能重复使用，必须装入新的卡箍，并用卡簧钳加紧卡箍。

5. 驱动桥都是位于变速器壳体内。(　　)

【答案】错误

【解析】该题考查的是驱动桥的位置。对于前置前轮驱动的车辆，驱动桥大部分安装于变速器壳体内；而对于前置后轮驱动的车辆，驱动桥安装于车辆的后桥，位于万向传动装置之后，两后轮之间。因而该题的说法是错误的。

6. 驱动桥主要由________、________和________等组成。

【答案】主减速器、差速器、半轴

【解析】驱动桥由主减速器、差速器、半轴、桥壳等组成。

7. 半轴的作用是用来将差速器传递过来的动力传给驱动轮。(　　)

【答案】止确

【解析】该题主要考查半轴的作用，驱动桥由主减速器、差速器、半轴、桥壳等组成，半轴是用来将差速器传递过来的动力传给驱动轮的装置。

8. 十字轴上安全阀的作用是保护油封不致因油压过高而被破坏。(　　)

【答案】正确

【解析】该题主要考查安全阀的作用，当十字轴内腔润滑油压力超过允许值时，安全阀打开，润滑油外溢，使油封不会因油压过高而损坏。

9. 传动轴和万向节装配后，要经动平衡试验，并装配平衡片。(　　)

【答案】正确

【解析】该题主要考查传动轴与万向节的安装；传动轴两端的连接件装好后，应进行动平衡试验。在质量轻的一侧补焊平衡片，使其不平衡量不超过规定值。

10. 普通十字轴万向节是等角速万向节。(　　)

【答案】错误

【解析】该题主要考查的是万向节的特性,普通万向节又称为十字轴式刚性万向节,是一种典型的不等速万向节。因而该题错误。

11. 十字轴式刚性万向节主要用于________的变速器与驱动桥之间,等速万向节主要用于________的内、外半轴之间。

【答案】发动机前置后驱、发动机前置前驱

【解析】目前,汽车上应用较多的是十字轴式刚性万向节和等速万向节。十字轴式刚性万向节主要用于发动机前置后驱的变速器与驱动桥之间,等速万向节主要用于发动机前置前驱的内、外半轴之间。

12. 所有的传动轴都应加中间支承。( )

【答案】错误

【解析】该题主要考查的是传动轴的中间支撑;传动轴分段时需要加中间支撑。

13. 中间轴承具有补偿传动轴轴向和角度方向变化或车架变形等所引起的位移。 ( )

【答案】正确

【解析】该题主要考查的是中间轴承的作用;传动轴分段时需要加中间支撑,由支架和轴承组成,能补偿传动轴轴向和角度方向的安装误差,以及汽车行驶过程中因发动机窜动或车架变形等引起的位移。

14. 汽车在平坦的公路上直线行驶时,差速器的行星齿轮只能做公转而不做自转。 ( )

【答案】正确

【解析】该题主要考查的是差速器的工作原理。当汽车处于直线行驶状态时,差速器中的行星齿轮只是随差速器壳体公转,两半轴齿轮同速转动,此时无差速作用。

15. 全浮式半轴不仅承受任何转矩,外端还承受全部弯矩。( )

【答案】错误

【解析】半轴按承载形式分为全浮式和半浮式两种。半浮式半轴不仅承受任何转矩,外端还承受全部弯矩;全浮式半轴的两端均不承受任何弯矩,只承受转矩。因而该题错误。

16. 十字轴式刚性万向节属于________万向节。

A. 不等速　　B. 等速　　C. 准等速　　D. 挠性

【答案】A

【解析】不等速万向节常用的为十字轴式刚性万向节。因而该题选 A。

17. 球笼式万向节属于________万向节。

A. 等速　　B. 不等速　　C. 准等速　　D. 固定型

【答案】A

【解析】等速万向节包括球叉式、球笼式、三叉式等三种。因而该题选 A。

18. 球笼式等速万向节工作中有________钢球传递力矩。

A. 2 个　　B. 3 个　　C. 4 个　　D. 6 个

【答案】D

【解析】球笼式万向节工作时6个钢球都参与传力,承载能力强、磨损小、寿命长。

19. 汽车转弯行驶时,差速器中的行星齿轮(　　)。

A. 只有自转,没有公转　　B. 只有公转,没有自转

C. 既有公转,又有自转　　D. 以上都不是

【答案】C

【解析】根据差速器的工作原理,当汽车转弯时或者两侧车轮的受力不一致时导致行星齿轮既有公转又有自转。因而该题选C。

20. 行星齿轮差速器起作用的时刻为(　　)。

A. 汽车转弯　　B. 直线行驶

C. A,B情况下都起作用　　D. A,B情况下都不起作用

【答案】A

【解析】根据差速器的工作原理,当汽车处于直线行驶状态时差速器的行星齿轮只能做公转,此时行星齿轮差速器无差速作用;当汽车转弯时或者两侧车轮的受力不一致时导致行星齿轮既有公转又有自转,此时行星齿轮差速器起到差速作用。

21. 驱动桥主减速器是用来改变传动方向、降低转速和(　　)的。

A. 产生离地间隙　　B. 产生减速比

C. 增大转矩　　D. 减小转矩

【答案】C

【解析】该题主要考查的是主减速器的作用,是降低传动轴传来的转速,增大输出扭矩,改变旋转方向,使传动轴的左右旋转变成半轴的前后旋转。

22. 下列不属于差速器组件的是(　　)。

A. 行星齿轮　　B. 半轴齿轮　　C. 从动圆锥齿轮　　D. 行星齿轮轴

【答案】C

【解析】该题主要考查的是差速器的组成,主要由差速器壳体、半轴齿轮、行星齿轮和行星齿轮轴组成。

23. 防滑差速器会(　　)。

A. 自动向转得快的一侧车轮多分配扭矩

B. 自动向转得慢的一侧车轮多分配扭矩

C. 自动将扭矩平均分配给两车轮

D. 使两侧车轮不再出现差速运动

【答案】A

【解析】防滑差速器可以在左右驱动轮在地面附着条件不同时,设法使大部分扭矩甚至全部扭矩分配给附着条件相对比较好的一侧驱动轮。因而该题选A。

项目测评

一、填空题

1. 驱动桥是传动系中的最终环节,它兼有继续放大________、改变________和实现两驱动轮间________等作用。

2. 目前，汽车传动系中应用得最多的是十字轴式刚性万向节，它允许相邻两轴的最大交角为______。

3. 万向传动装置是在汽车中最常见的应用，位于变速器与______之间。对于前置前驱轿车，万向传动装置一般位于变速驱动桥和______之间。

4. 万向传动装置主要包括______和传动轴，对于传动距离较远的分段式传动轴，为了提高传动轴的刚度，还设置有______。

5. 球笼式万向节工作时______个钢球都参与传力，故承载能力强、磨损小、寿命长。

6. 在汽车上使用的万向节按其刚度大小，可分为______和______。

7. 刚性万向节可分为______万向节、______万向节和______万向节。

8. 十字轴式刚性万向节主要用于______的变速器与驱动桥之间，等速万向节主要用于______的内、外半轴之间。

9. 十字轴式刚性万向节由______、______、______和______等组成。

10. 传动轴是连接______或分动器与______的部件。传动轴有______和______两种，大多采用______。

11. 球笼式万向节由______、______、______等组成。

12. 球笼式万向节按有无轴向滑动分为______和______两种。

13. 驱动桥主要是由______、______、______和______等组成。

14. 对于前置后轮驱动的车辆，驱动桥安装于车辆的后桥，位于万向传动装置之后，两后轮之间。对于前置前轮驱动的车辆，驱动桥大部分安装于变速器桥体内，也称______。

15. 半轴的承载形式分为______和______两种。

16. 按照悬架结构的不同，驱动桥可以分为______和______。

17. 传动轴分段时需加立中间支撑，通常装在车架横梁上，能补偿______和______的安装误差，以及汽车行驶中因______或______等引起的位移。

18. 差速器主要由______、______、______等组成。

19. 主减速器按齿轮副结构形式分为______、______两种。

20. 主减速挡器按传动比挡数可分为______和______。

21. 主减速器又称______，其作用是降低传动轴传来的______、增大______，并改变______，使传动轴______旋转变为半轴的旋转。

22. 驱动桥壳的功用是支撑并保护______、______及______等。

二、选择题

1. 十字轴式不等速万向节，当主动轴转过一周时，从动轴转过______。 ( )

A. 一周　B. 小于一周　C. 大于一周　D. 不一定

2. 十字轴式刚性万向节属于______万向节。 ( )

A. 不等速　B. 等速　C. 准等速　D. 挠性

3. 球笼式万向节属于______万向节。 ( )

A. 等速　B. 不等速　C. 准等速　D. 固定型

4. 为了提高传动轴的强度和刚度，传动轴一般都做成______。 ( )

A 空心的　B. 实心的　C. 半空、半实的　D. 无所谓

5. 关于引起传动轴动不平衡的原因,以下说法错误的是________。 ( )

A. 传动轴上的平衡块脱落 B. 传动轴弯曲或传动轴管凹陷

C. 伸缩叉安装错位 D. 中间支承安装方法不当

6. 不等速万向节指的是________。 ( )

A. 球叉式万向节 B. 三销轴式万向节

C. 十字轴式刚性万向节 D. 球笼式万向节

7. 下列________在运转中能改变传动轴的长度(加长或缩短)。( )

A. 差速器半轴齿轮 B. 轴承

C. 万向节 D. 滑动接套

8. 万向传动装置传动轴轴管的弯曲检验是测量其________的径向圆跳动量。 ( )

A. 中部 B. 前端 C. 后端 D. 以上任一位置

9. 传动轴在装配时,其伸缩节要对正记号,其目的是________。 ( )

A. 保持传动轴原有的动平衡 B. 减小传动轴的长度

C. 使传动轴长度可变 D. 使传动轴便于安装

10. 传动轴分段时需加中间支撑,但中间支撑不具备________的作用。 ( )

A. 能补偿传动轴轴向和角度方向的安装误差

B. 补偿汽车行驶过程中因发动机窜动引起的位移

C. 补偿因车架变形引起的位移

D. 补偿变速器与驱动桥的相对位置引起的传动轴长度的变化

11. 球笼式万向节两轴间夹角最大为________。 ( )

A. >30° B. 32° C. 35°~40° D. 42°

12. 为适应传动轴工作室在长度方面的变化通常在传动轴轴中应采用________布置。 ( )

A. 伸缩花键 B. 万向节叉 C. 空心轴管 D. 扭转减震器

13. 在越野车上得到广泛应用的万向节是________。 ( )

A. 球叉式万向节 B. 万向节叉

C. 三销轴式万向节 D. 双联式万向节

14. 桑塔纳乘用车的前轴分别采用 RF、VL 两种万向节,其中 VL 型万向节在传动中允许两轴最大弯曲角为________。 ( )

A. >30° B. 21° C. 15°~20° D. 25°~27°

15. 桑塔纳乘用车的前轴分别采用 RF、VL 两种万向节,其中 VL 型万向节在传动中轴向伸缩最大为________。 ( )

A. >30 mm B. 21 mm C. 45 mm D. 30~45 mm

16. 球笼式等角速万向节工作中有________钢球传递力矩。 ( )

A. 2 个 B. 3 个 C. 4 个 D. 6 个

17. 锥齿轮差速器能使两侧驱动车轮差速靠的是________。 ( )

A. 行星齿轮的自转 B. 半轴齿轮的自转

C. 差速器的自转　　D. 差速器壳的自转

18. 若驱动桥的一侧车轮转速为零,则另一侧车轮的转速________。　　(　　)

A. 一定为零　　B. 等于差速器壳转速

C. 等于行星轮转速　　D. 以上都不是

19. 汽车转弯行驶时,差速器中的行星齿轮________。　　(　　)

A. 只有自转,没有公转　　B. 只有公转,没有自转

C. 既有公转,又有自转　　D. 以上都不是

20. 行星齿轮差速器起作用的时刻为________。　　(　　)

A. 汽车转弯　　B. 直线行驶

C. A,B 情况下都起作用　　D. A,B 情况下都不起作用

21. 设对称式锥齿轮差速器壳的转速为 n_0,左、右两侧半轴齿轮的转速分别为 n_1 和 n_2,则有________。　　(　　)

A. $n_1+n_2=n_0$　　B. $n_1+n_2=2n_0$　　C. $n_1+n_2=\frac{1}{2}n_0$　　D. $n_1=n_2=n_0$

22. 全浮式半轴承受________的作用。　　(　　)

A. 转矩　　B. 弯矩　　C. 反力　　D. A、B、C

23. 连接轮盘和半轴凸缘的零件是________。　　(　　)

A. 轮毂　　B. 轮辋　　C. 轮辐　　D. 轮胎

24. 驱动桥行驶时驱动桥有异响,脱挡滑行时异响减弱或消失说明________。　　(　　)

A. 圆锥和圆柱主从动齿轮、行星齿轮、半轴齿轮啮合间隙过大

B. 主动锥齿轮轴承松旷

C. 差速器行星齿轮半轴齿轮不匹配

D. 车轮轮毂轴承损坏,轴承外圈松动

25. 汽车直线行驶时无异响,当汽车转弯时驱动桥处有异响说明________。　　(　　)

A. 主、从动锥齿轮啮合不良

B. 差速器行星齿轮半轴齿轮不匹配,使其啮合不良

C. 制动鼓内有异物

D. 齿轮油加注过多

26. 汽车转弯时,通过差速器的作用,形成________。　　(　　)

A. 内侧车轮转速减慢而外侧车轮转速增加

B. 内侧车轮转速增加而外侧车轮转速减慢

C. 内侧车轮和外侧车轮的速度相等

D. 内侧车轮滑动

27. 汽车的差速器,安装在汽车的________上。　　(　　)

A. 前桥　　B. 后桥

C. 转向桥　　D. 驱动桥或转向驱动桥

28. 驱动桥主减速器是用来改变传动方向、降低转速和________的。　　(　　)

A. 产生离地间隙　　　　B. 产生减速比
C. 增大转矩　　　　D. 减小转矩

29. 为消除车辆在冰或其他滑溜路面的空转，采用了________。（　）
A. 双级主减器　　　　B. 防滑差速器
C. 万向节　　　　D. 垫片

30. 半轴与差速器半轴齿轮的连接用________。（　）
A. 螺栓　　　　B. 强力焊接的型钢
C. 内、外花键　　　　D. 润滑脂油封

31. 下列不属于差速器组件的是________。（　）
A. 行星齿轮　B. 半轴齿轮　C. 从动圆锥齿轮　D. 行星齿轮轴

32. 当汽车左转向时，由于差速器的作用，左右两侧驱动轮转速不同，那么转矩的分配应是________。（　）
A. 左轮大于右轮　　　　B. 右轮大于左轮
C. 左、右轮相等　　　　D. 右轮为零

33. 单级主减速器的________齿轮安装在差速器壳上。（　）
A. 主动圆锥　B. 从动圆锥　C. 行星　D. 半轴

34. 只承受转矩，而两端均不承受其他任何反力和力矩的半轴支撑形式称为______。（　）
A. 全浮式半轴支撑　　　　B. 半浮式半轴支撑
C. 刚性式半轴支撑　　　　D. 3/4 支撑式半轴

35. CA1091 双级主减速器减速比为________。（　）
A. 6. 33　B. 7. 66　C. 5. 89　D. 6. 73

36. EQ1090 型的主减速器主动齿轮采用________。（　）
A. 跨置式　B. 对置式　C. 悬臂式　D. 侧置式

37. 单级主减速器减速比一般为________。（　）
A. 3~5. 5　B. 3. 56　C. 5~8　D. 2. 5~5. 5

38. 防滑差速器会________。（　）
A. 自动向转得快的一侧车轮多分配扭矩
B. 自动向转得慢的一侧车轮多分配扭矩
C. 自动将扭矩平均分配给两车轮
D. 使两侧车轮不再出现差速运动

39. 单级主减速器在调整时，从动齿轮的啮合位置应为________。（　）
A. 齿长方向偏向小端　　　　B. 齿长方向偏向大端
C. 齿长方向的中部　　　　D. 任意位置

三、判断题（正确打√、错误打×）

1. 十字轴上安全阀的作用是保护油封不致因油压过高而被破坏。（　）
2. 传动轴两端的万向节叉，安装时应在同一平面上。（　）
3. 为加注润滑脂方便，万向传动装置的滑脂嘴应在一条直线上，且万向节上的滑脂嘴

应背离传动轴。（　　）

4. 球笼式万向节星形套与主动轴用花键固接在一起，星形套外表面有四条弧形凹槽滚道。（　　）

5. 十字轴式刚性万向节的不等速特性将使从动轴及其相连的传动部件产生扭转振动，从而产生附加的交变载荷，影响部件寿命。（　　）

6. 传动轴不平衡会造成传动轴的振动问题。（　　）

7. 等速万向节的工作原理是保证万向节在工作过程中，其传力点永远位于两轴交角的平分面上。（　　）

8. 一般是通过采用滑轴和花键组成的滑套连接，实现传动轴长度的变化。（　　）

9. 汽车上任何一对轴线相交，且相对位置经常变化的转轴之间的动力传递，都需要通过万向传动装置来实现。（　　）

10. 传动轴和万向节装配后，要经动平衡试验，并装配平衡片。（　　）

11. 普通十字轴万向节是等角速万向节。（　　）

12. 所有的传动轴都应加中间支撑。（　　）

13. 中间轴承具有补偿传动轴轴向和角度方向变化或车架变形等所引起的位移。（　　）

14. 球笼式万向节 RF 型是伸缩型，而 VL 型无轴向伸缩。（　　）

15. EQ1090E 和 CA1092 这两种汽车的主减速器主动锥齿轮均采用了跨置式支承。（　　）

16. CA1092 型汽车采用的是全浮式半轴支承，这种半轴要承受全部反力。（　　）

17. CA1092 型汽车采用的是整体式驱动桥壳，它由桥壳和半轴套管组成。（　　）

18. 锥齿轮啮合调整时，啮合间隙首要，啮合印痕次要，否则将加剧齿轮磨损。（　　）

19. 汽车在平坦的公路上直线行驶时，差速器的行星齿轮只能做公转而不做自转。（　　）

20. 自锁差速器在工作时，使快转一侧力矩减小，慢转一侧力矩增大，同时，可阻止差速趋势，防止打滑。（　　）

21. 当任何一侧半轴齿轮的转速为零时，另一侧半轴齿轮的转速为差速器壳转速的 2 倍。（　　）

22. 无论差速器差速与否，普通差速器都具有转矩等量分配的特征。（　　）

23. 差速器半轴齿轮与行星齿轮装复调整后，应保证半轴齿轮大端面的圆弧面与 4 个行星齿轮的背弧面相吻合，并在同一球面上。（　　）

四、名词解释

1. RF 节

2. VL 节

3. 整体式驱动桥

4. 断开式驱动桥

5. 单速式主减速器

6. 双速式主减速器

7. 轮间差速器

8. 轴间差速器

9. 全浮式半轴

10. 半悬浮式半轴

五、简答题

1. 简述万向传动装置的作用。

2. 简述十字轴式刚性万向节实现等速传递的方法。

3. 简述传动轴装配过程中的注意事项。

4. 简述万向传动装置中要设置中间支承的原因。

5. 简述驱动桥的作用。

6. 简述差速器的作用。

7. 简述主减速器的作用及组成。

8. 简述驱动桥异响的故障诊断与排除方法。

9. 球笼式万向节的防尘罩如果破裂会对万向节造成什么影响?

10. 简述半轴万向节的拆装步骤及检测注意事项。

项目四　行驶系

项目目标

1. 掌握汽车行驶系的组成和功用。
2. 掌握轮胎检查与换位的方法。
3. 掌握四轮定位的方法和步骤。
4. 了解汽车悬架的组成和分类。
5. 掌握更换减震器的方法和步骤。

重点

1. 掌握汽车行驶系的组成和功用。
2. 掌握轮胎检查与换位的方法。
3. 掌握四轮定位的方法和步骤。
4. 掌握更换减震器的方法和步骤。

难点

1. 掌握轮胎检查与换位的方法。
2. 掌握四轮定位的方法和步骤。

项目要点

一、汽车行驶系的类别和组成

汽车行驶系一般有轮式、履带式、车轮-履带式等几种。绝大多数的汽车经常在比较坚实的道路上行驶，其行驶系中直接与路面接触的部分是车轮，因此称为轮式行驶系；有的汽车行驶系中直接与路面接触部分是履带，则称为履带式行驶系。

轮式行驶系一般由车架、车桥、车轮和悬架四部分组成。前、后车轮分别安装在前、后车桥上，车桥又通过前、后悬架与车架相连接，车架是整个汽车的装配基体，这样，行驶系就联结成一个整体，构成汽车的装配基础。

二、行驶系的功用

1. 通过车轮与路面之间的附着作用，将传动系传来的转矩转化为汽车行驶的驱动力。
2. 将汽车构成一个整体并支承汽车的总质量，承受并传递路面作用于车轮上的力和力矩。
3. 减小震动、缓和冲击，保证汽车平顺行驶。
4. 与转向系配合，以正确控制汽车的行驶方向。

三、轮胎拆卸步骤

1. 预松轮胎螺栓。
2. 安装车辆举升垫块。
3. 升起举升机少许，检查车辆支承是否可靠。
4. 将汽车举升至合适高度，确保举升机保险锁锁止可靠。

5. 将冲击扳手与气管连接，调整旋向至反时针方向。

6. 两人合作，拆卸轮胎。

四、轮胎检查

1. 清洁轮盘安装面、车轮螺母接触面（球面）、轮毂安装面。

2. 检查螺纹孔是否损伤。

3. 检查轮辋边缘是否变形。

4. 检查轮胎侧面是否损伤。

5. 清除轮胎花纹上的夹杂物。

6. 测量轮胎花纹的深度（每个花纹沟测量 3 点，间隔 120°）。

7. 检查轮胎气压及充气。

8. 检查气门嘴是否漏气、气门帽是否齐全。

9. 检漏后再次清洁车轮。

10. 清洁车轮螺栓（螺母），在车轮螺栓的螺杆部（螺母头部接触面）薄薄地涂抹一层机油等润滑剂。

五、车轮换位

1. 将左前轮移至左后。

2. 将左后轮移至右前。

3. 将右前轮移至右后。

4. 将右后轮移至左前。

5. 调整冲击扭力扳手至顺时针方向。

6. 安装轮胎。

7. 降下车辆。

8. 根据维修手册调整可调式扭力扳手至 120 N · m。

9. 按交叉方式紧固轮胎螺栓。

六、四轮定位实施步骤

1. 检查举升机，并将安全销插入固定。

2. 将车辆开到举升机安全部位，前轮需压到转角盘中心部位。

3. 检查四个轮胎胎压是否正常。不符合标准值时，需进行调整。

4. 安装升车垫块。

5. 升起大剪举升机。

6. 检查汽车的拉杆、球头、转向机构、减震器组等位置是否正常。

7. 降下大剪举升机，升起小剪举升机。

8. 检查轴承是否松动，保证汽车在机械硬件方面无损伤。

9. 装持夹具。自上而下扣住轮辋边缘，安装应避开平衡块及轮辋损伤处。

10. 用皮护套固定夹具，防止脱落。

11. 按传感器指示位置将其装在夹具中心孔并锁紧。

12. 将传感器调至水平位置并锁紧。

13. 打开电脑主机，在数据库选定车型。

14. 偏心补偿。

15. 将传感器再次调整到水平位置。

16. 松开安全销。

17. 上车将手刹拉起,脚刹踩到底,将车缓缓降下小剪举升机。

18. 将车前后左右上下晃动,使车辆悬挂完全复位。

19. 车轴测量。

20. 转向测定。

21. 采集测量数据。

22. 对超出厂家标准的各种定位角度进行调整(定位参数的调整顺序:后轮外倾、后轮前束、前轮主销后倾、前轮外倾、前轮前束)。

23. 调整结束,保存数据并打印。

24. 降下举升机,按对应顺序将传感器及夹具拆下并固定好。

25. 将方向盘固定器、脚刹固定器、车辆举升垫取出归位。

26. 对车辆进行路试。

七、轮胎型号的含义

245/50/R/17

245—轮胎断面宽度;50—扁平率;R—子午线轮胎;17—轮胎内径(单位为英寸)。

知识点解析

1. 车轮主要由________、________和________组成。

【答案】轮辐、轮辋、轮毂

【解析】该题主要考查车轮的组成;车轮是介于轮胎和车轴之间的承受载荷的旋转组件,它主要由轮辐、轮辋、轮毂等组成。

2. 外胎由________、________、________三部分组成。

【答案】胎面、胎圈、胎体

【解析】该题主要考查外胎的结构;外胎是轮胎的主要组成部分,直接与地面接触用来保护内胎,主要由胎面、胎圈、胎体等组成。

3. 减震器阻尼力的大小随车架与车桥间相对运动速度________,阻尼力________;反之亦然。

【答案】越大、越大

【解析】该题主要考查减震器阻尼力的影响因素,减震器阻尼力的大小随车架与车桥间相对速度的变化而增减;相对运动速度越大,阻尼力越大,反之亦然。

4. 非独立悬架按弹性元件的不同可以分为________非独立悬架和________非独立悬架。

【答案】钢板弹簧、螺旋弹簧

【解析】非独立悬架结构简单,工作可靠,按照采用弹性元件的不同,非独立悬架可分为钢板弹簧非独立悬架和螺旋弹簧非独立悬架两种。

5. 前轮定位包括________、________、________和________四个参数。

【答案】主销后倾、主销内倾、车轮外倾、前轮前束

【解析】前轮定位又叫转向轮定位，它包括主销后倾、主销内倾、车轮外倾、前轮前束四个参数。

6. 车桥是整个汽车的装配基体。（　）

【答案】错误

【解析】车桥通过前后悬架与车架连接，车架是整个汽车的装配基体。因而该题错误。

7. 目前，广泛采用的轿车车轮为铝合金车轮。（　）

【答案】正确

【解析】普通轿车和轻中型货车普遍采用辅板式车轮，轿车的辅板所用板料较薄，常冲压成起伏多变的形状，以提高其刚性，目前广泛采用的轿车车轮为铝合金车轮。

8. 低压胎弹性好，减震性能强，辅助性好，因而广泛应用于大多车型。（　）

【答案】正确

【解析】轮胎按胎内气压大小分为高压胎、低压胎、超低压胎三种；低压胎弹性好，减震性能强，辅助性好，因而广泛应用于大多车型。

9. 目前，应用的轮胎主要是低压（超低压）、无内胎的子午线轮胎。（　）

【答案】正确

【解析】该题主要考查轮胎的类型；目前应用的轮胎主要是低压（超低压）、无内胎的子午线轮胎。

10. 轮胎磨损标记表明轮胎胎面磨损已到极限的标志。（　）

【答案】正确

【解析】该题主要考查轮胎的磨损标记；轮胎磨损标记（英文 TWI）是表明轮胎胎面磨损已到极限的标志。它位于胎面花纹沟的底部，稍稍高于沟底 1.6 mm 的凸台。

11. 斜交轮胎具有行驶里程长、承载能力大、减震性能好、不易爆胎等优点，目前在汽车上广泛应用。（　）

【答案】错误

【解析】该题主要考查的是子午线轮胎的优点；子午线轮胎与斜交轮胎相比，具有行驶里程长、滚动阻力小、节约燃料、承载能力大、减震性能好、不易爆胎等优势，目前在汽车上广泛应用。

12. 子午线轮胎规格 180/60 中，180 表示轮胎宽度 180 mm。（　）

【答案】正确

【解析】该题主要考查子午线轮胎的规格；在 180/60 中，180 是轮胎名义断面宽度代号，表示轮胎宽度 180 mm。因而该题说法正确。

13. 在轮胎规格前加"J"表示轿车轮胎。（　）

【答案】错误

【解析】该题主要考查轮胎侧面标记；在轮胎规格前加"P"表示轿车轮胎，"REINFORCED"表示经强化处理，"RADIAL"表示子午线轮胎。

14. 汽车轮胎的换位间隔都是每行驶 10 000 km 进行一次轮胎换位。（　）

【答案】错误

【解析】该题主要考查轮胎的换位里程的规定；轮胎的换位间隔一般新车为 10 000 km，以后每行驶 8 000~10 000 km 换位一次（四轮驱动车辆每 6 000 km 换位一次）。

15. 转向驱动桥是能够实现齿轮转向和驱动两种功能的车桥。（　　）

【答案】正确

【解析】该题主要考查车桥的作用；车桥按齿轮的作用不同分为转向桥、驱动桥、转向驱动桥和支持桥四种，其中转向驱动桥是能够实现齿轮转向和驱动两种功能的车桥。

16. 桑塔纳 2000 轿车的前桥总成采用的是断开式、非独立悬架转向驱动桥。（　　）

【答案】错误

【解析】该题主要考查桑塔纳 2000 轿车的驱动桥类型；桑塔纳 2000 轿车的前桥总成采用的是断开式、独立悬架转向驱动桥。因而该题错误。

17. 目前，在汽车上应用最广泛的液压减震器是双向作用筒式减震器。（　　）

【答案】正确

【解析】该题考查的是减震器的有关内容；目前在汽车上应用最广泛的液压减震器是双向作用筒式减震器，它在伸张行程和压缩行程中都具有阻尼减震作用。

18. 单纵臂式独立悬架都用于后轮，双纵臂式独立悬架适用于前轮。（　　）

【答案】正确

【解析】该题考查的是独立悬架的应用；纵臂式独立悬架有单纵臂式和双纵臂式两种。单纵臂式独立悬架如果用于前轮，车轮上下跳动时会使主销后倾角变化很大，所以单纵臂式独立悬架都用于后轮；双纵臂式独立悬架的两纵摆臂一般长度相等，所以适用于前轮。

19. 外胎结构中，起承受负荷作用的是（　　）。

A. 胎面　　B. 胎圈　　C. 帘布层　　D. 缓冲层

【答案】C

【解析】该题考查的是外胎的结构；帘布层是外胎的骨架，主要用于承受载荷，保持外胎的形状和尺寸，并使其具有足够的强度。

20. 越野汽车的前桥属于（　　）

A. 转向桥　　B. 驱动桥　　C. 转向驱动桥　　D. 支承桥

【答案】C

【解析】该题考查的是车桥的类型及应用；越野汽车和前轮驱动汽车的前桥，除承载和转向作用外，还兼起驱动作用，所以称为转向驱动桥。因而该题选 C。

21. 前轮定位中，转向操纵轻便主要是靠（　　）。

A. 主销后倾　　B. 主销内倾　　C. 前轮外倾　　D. 前轮前束

【答案】B

【解析】该题主要考查转向轮定位参数；主销内倾会使转向轮自动回正，并使转向操纵轻便。因而该题选 B。

22. 车轮前束是为了调整________所带来的不良后果而设置的。

A. 主销后倾　　B. 主销内倾　　C. 车轮外倾　　D. 车轮内倾

【答案】C

【解析】该题主要考查前轮前束的作用；前轮前束的作用是为了消除车轮外倾所造成的不良后果，保证车轮不向外滚动，防止车轮侧滑和减轻轮胎的磨损。因而该题选 C。

23. 下面________轮胎属于子午线轮胎。

A. 9.00-20　　B. 9.00R20　　C. 9.00×20　　D. 9.00-20GZ

【答案】B

【解析】该题考查的是子午线轮胎的规格；R 为子午线轮胎结构代号。因而该题选 B。

24. 汽车麦弗逊式悬架为(　　)。

A. 非独立悬架　　B. 组合式　　C. 独立悬架　　D. 刚性式

【答案】C

【解析】该题考查的是麦弗逊式悬架的结构；弗逊式独立悬架是目前轿车和某些轻型客车应用比较普遍的悬架结构形式。因而该题选 C。

25. 以下弹簧中，(　　)带有减震功能。

A. 螺旋弹簧　　B. 扭杆弹簧　　C. 钢板弹簧　　D. 空气弹簧

【答案】C

【解析】该题主要考查弹性元件的作用；汽车上的弹性元件包括钢板弹簧、螺旋弹簧、扭杆弹簧、气体弹簧等，钢板弹簧相当于弹性元件和减震器二合一，靠弹簧的弹性形变起缓冲作用。因而该题选 C。

26. 我国采用国际标准，斜交轮胎的规格用________表示。

A. B-d　　B. d-B　　C. B/d　　D. B\d

【答案】A

【解析】该题主要考查的是轮胎的规格；普通斜交轮胎的规格用 B-d 表示，载货汽车和轿车斜交轮胎的尺寸 B 和 d 均以英寸为单位。因而该题选 A。

27. 气压在 0.15~0.45 MPa 的轮胎称为(　　)。

A. 超高压胎　　B. 高压胎　　C. 低压胎　　D. 超低压胎交面

【答案】C

【解析】该题主要考查轮胎的类型；按轮胎内空气压力的大小，轮胎分为高压胎(0.5~0.7 MPa)、低压胎(0.2~0.5 MPa)、超低压胎(0.2 MPa 以下)三种，因而该题选 C。

项目测评

一、填空题

1. 汽车行驶系一般有________、________和________三种。

2. 轮式行驶系一般由________、________、________和________四部分组成。

3. 车轮主要由________、________和________组成。

4. 轮辐按结构不同可分为________、________。

5. 辐条式车轮按辐条结构的不同可分为________、________。

6. 轮辋按其结构不同可分为________、________、________。

7. 外胎由________、________、________三部分组成。

8. 连接轮盘和半轴凸缘的零件是________。

9. 在驱动轮上安装人字花纹轮胎时，人字花纹尖应与汽车前进方向________。

10. 经常在较平坦道路上行驶的汽车若进行轮胎换位应采用________法。

11. 轮胎按胎内气压的大小可分为________、________和________三种。

12. 轮胎按其有无内胎分为________和________两种。

13. 轮胎按胎体帘布层结构的不同可分为________和________两种。

14. 轮胎根据花纹不同可分为________、________、________。

15. 轮胎根据帘线材料的不同可分为________、________、________、________。

16. 按车轮的作用不同,车桥可分为________、________、________、________。

17. 车桥按悬架结构不同分为________和________两种。

18. 转向桥由________、________、________和________等主要部分组成。

19. 前轮定位包括________、________、________和________四个参数。

20. 能够实现车轮________和________两种功能的车桥称为转向驱动桥。它具有一般驱动桥具有的________、________和________,也具有一般转向桥具有的________、________和________等。

21. 悬架是________与________之间一切传力连接装置的总称。

22. 悬架一般由________、________、________等组成,轿车一般还有________。

23. 汽车上常用的弹性元件包括________、________、________、________和________等。

24. 减震器阻尼力的大小随车架与车桥间相对运动速度________,阻尼力________;反之亦然。

25. 目前,汽车上应用最广泛的液压减震器是________,它在和________中都具有阻尼减振作用。

26. 汽车悬架可分为________和________两种。

27. 非独立悬架按弹性元件的不同可以分为________非独立悬架和________非独立悬架。

28. 独立悬架主要有________、________、________和________四类。

29. 前悬架的主要类型有________、________、________和________等。

30. 后悬架主要有________和________两种。

二、选择题

1. 汽车的基体是________。 (　　)

A. 车架　　B. 发动机　　C. 车身　　D. 车轮

2. 目前,大多数轿车都是采用________。 (　　)

A. 边梁式车架　　B. 中梁式车架　　C. 综合式车架　　D. 承载式车身

3. 以下选项中,________不是转向桥中的组成件。 (　　)

A. 转向节臂　　B. 转向节　　C. 主销　　D. 前梁

4. 越野汽车的前桥属于________。 (　　)

A. 转向桥　　B. 驱动桥　　C. 转向驱动桥　　D. 支承桥

5. 采用非独立悬架的汽车,其车桥一般是________。 (　　)

A. 断开式　　B. 整体式　　C. A,B 均可　　D. 与 A,B 无关

6. 转向轮绕着________摆动。　(　)

A. 转向节　B. 主销　C. 前梁　D. 车架

7. 前轮定位中,转向操纵轻便主要是靠________。　(　)

A. 主销后倾　B. 主销内倾　C. 前轮外倾　D. 前轮前束

8. 某汽车在前轮偏转时车身前部高度上升,可据此判断该车的主销内倾角为________。　(　)

A. 正值　B. 负值　C. 零　D. 正值或负值

9. 从车的侧面看,________是车轮转向轴线与铅垂线之间的夹角。　(　)

A. 主销内倾角　B. 主销后倾角　C. 前轮外倾角　D. 前轮前束

10. ________定位角度在所有车辆上是可调节的。　(　)

A. 车轮外倾角　B. 主销后倾角　C. 前轮前束　D. 主销内倾角

11. 车轮前束是为了调整________所带来的不良后果而设置的。　(　)

A. 主销后倾　B. 主销内倾　C. 车轮外倾　D. 车轮内倾

12. 车轮定位中,________可通过改变横拉杆的长度来调整。　(　)

A. 主销后倾　B. 主销内倾　C. 前轮外倾　D. 前轮前束

13. 现代轿车普遍采用________。　(　)

A. 子午线轮胎　B. 普通斜交轮胎

C. 越野花纹轮胎　D. 载货汽车轮胎

14. 下面________轮胎属于子午线轮胎。　(　)

A. 9.00-20　B. 9.00R20　C. 9.00×20　D. 9.00-20GZ

15. 外胎结构中,起承受负荷作用的是________。　(　)

A. 胎面　B. 胎圈　C. 帘布层　D. 缓冲层

16. 胎面的羽状磨损,主要是由于________。　(　)

A. 前束调节不当　B. 外倾角不符合要求

C. 充气不足　D. 轴承磨损

17. 如果轮胎面某一侧的磨损快于另一侧的磨损,其主要原因可能是________。　(　)

A. 外倾角不正确　B. 前束不正确　C. 轮胎气压不足　D. 充气压力过高

18. 轮胎集中在胎肩上的磨损原因是________。　(　)

A. 充气压力过高　B. 充气压力过低　C. 前束不正确　D. 外倾角不正确

19. 气压在 0.15~0.45 MPa 的轮胎称为________。　(　)

A. 超高压胎　B. 高压胎　C. 低压胎　D. 超低压胎交面

20. 某轿车子午线轮胎规格 205/70SR15 中 S 的含义为________。　(　)

A. 行驶里程　B. 国际单位“秒”　C. 负荷指数　D. 最大车速符号

21. 我国采用国际标准,斜交轮胎的规格用________表示。　(　)

A. B-d　B. d-B　C. B/d　D. B\d

22. 我国采用国际标准,斜交轮胎的规格用 B-d 表示,其中 B 为________。　(　)

A. 轮辋名义直径代号　　B. 断面高
C. 轮胎名义断面宽度代号　　D. 端面宽度

23. 国产子午线规格用 BRd 表示,其中 R 代表________。 (　)
A. 轮胎半径　　B. 子午线轮胎
C. 轮辋名义直径代号　　D. 轮胎端面宽度

24. 轮胎 195/70SR14TL 中"TL"表示________。 (　)
A. 高速轮胎　B. 无内胎轮胎　C. 低速轮胎　D. 斜交轮胎

25. 汽车减震器广泛采用的是________。 (　)
A. 单向作用筒式　B. 双向作用筒式　C. 摆臂式　D. 阻力可调式

26. 以下弹簧中,哪一个带有减振功能? (　)
A. 螺旋弹簧　B. 扭杆弹簧　C. 钢板弹簧　D. 空气弹簧

27. 东风 EQ1092 型汽车的前钢板弹簧采用了________方式。 (　)
A. 前端固铰、后端自由　　B. 前端自由、后端固铰
C. 前、后端均固铰　　D. 前、后端均自由

28. 解放 CA1092 型汽车后主钢板弹簧的后端与车架的连接方式是________。 (　)
A. 吊耳式支架　　B. 滑板连接式
C. 装配式　　D. 填塞橡皮式

29. 关于减震器,以下说法错误的是________。 (　)
A. 阻尼力越大,振动的衰减越快
B. 当车桥移近车架(或车身)时,减震器受压,活塞上移
C. 减震器在压缩、伸张两个行程都能起减振作用
D. 振动所产生的能量转变为热能,并由油液和减震器壳体吸收,然后散到大气中

30. 横向稳定杆的作用是防止________。 (　)
A. 车身的上下跳动　　B. 汽车转弯时倾斜
C. 制动时点头　　D. 加速前进时后仰

31. 汽车麦弗逊式悬架为________。 (　)
A. 非独立悬架　B. 组合式　C. 独立悬架　D. 刚性式

32. 有些汽车前轮采用独立悬架,所以转向梯形中的横拉杆做成________。 (　)
A. 断开式　B. 整体式　C. 组合式　D. 综合式

33. 悬架系统中有减震器,减震器与弹性元件________安装。 (　)
A. 并联　B. 串联　C. 混联　D. 以上都是

34. 非独立悬架两侧车轮由一根整体式车桥相连,车轮和车桥一起通过弹性元件连接在________。 (　)
A. 车身下面　B. 车架下面　C. 主减速器下面　D. 传动轴下面

35. 下面不是悬架弹簧基本作用的是________。 (　)
A. 衰减振动　B. 传递荷载　C. 承受荷载　D. 缓和冲击

三、名词解释

1. 转向驱动桥

2. 普通斜交轮胎

3. 子午线轮胎

4. 转向轮定位

5. 主销后倾

6. 主销内倾

7. 前轮外倾

8. 前轮前束

9. D×B 轮胎

10. B−d 轮胎

11. 独立悬架

12. 非独立悬架

四、判断题(正确打√、错误打×)

1. 有的汽车没有车架。 ( )

2. 汽车在使用中,一般只调整前轮定位中的前束。 ( )

3. 主销后倾角度变大,转向操纵力增加。 ( )

4. 主销后倾角和主销内倾角都起到使车轮自动回正、沿直线行驶作用。 ( )

5. 车轮前束为两侧轮胎上缘间的距离与下缘间的距离之差。 ( )

6. 主销后倾角直接影响汽车的操纵稳定性,若后倾角过大,汽车将因转向过于灵敏而行驶不稳,过小则转向沉重。 ( )

7. 主销内倾角导致轮胎形成圆锥滚动效应,为了避免这种效应带来的不良后果,将两前轮适当向内偏转,即形成前轮前束。 ( )

8. 当前束不正确时,将引起严重的轮胎磨损。 ( )

9. 主销内倾角越大,汽车前部就被抬起得越高,转向轮自动回正的作用就越大。 ( )

10. 主销内倾角过小,会导致转向沉重。 ( )

11. 车轮定位不准主要会影响汽车行驶的方向稳定性和操纵性,同时也会带来轮胎的不正常磨损。 ( )

12. 一般载货汽车的前桥是转向桥,后桥是驱动桥。 ( )

13. 转向轮偏转时,主销随之转动。 ( )

14. 越野汽车的前桥通常是转向兼驱动。 ( )

15. 现在一般汽车均采用高压胎。 ( )

16. 越野汽车轮胎的气压比一般汽车的高。 ( )

17. 轮胎的层数是指帘布层的实际层数。 ( )

18. 在良好的路面上行驶时,越野胎比普通胎耐磨。 ( )

19. 一般汽车的前轮比后轮的气压高。 ( )

20. 轮毂轴承过紧,会造成车轮摆振及行驶不稳,严重时还能使车轮甩出。 ( )

21. 轮毂轴承过紧,会造成汽车行驶跑偏。全部轮毂轴承过紧,会使汽车滑行距离明显下降。 ( )

22. 旋转调整螺母改变轮毂轴承间隙。旋进轴承间隙变小,旋出轴承间隙变大。 ( )

23. 为了使轮胎磨损均匀,子午线轮胎的轮胎换位,应按照单边换位的规范进行。 ( )

24. 子午线轮胎较斜交轮胎有较小的滚动阻力,抗磨能力强,耐冲击性能好,故子午线轮胎得到广泛的使用。 ( )

25. 轮胎充气压力过低,会造成轮胎中间磨损快于胎肩。 ( )

26. 轮胎充气压力过高,会造成胎肩磨损快于胎面中间。 ( )

27. 装用新轮胎时,同一车轴上配同一规格、结构、层级和花纹的轮胎。( )

28. 进行轮胎换位是为了保持汽车各个轮胎磨损基本均匀,延长轮胎使用寿命。 ( )

29. 如果轮胎花纹接近磨损指示器,应更换轮胎。 ( )

30. 所有汽车的悬架组成都包含弹性元件。 ( )

31. 一般载货汽车未专门设置导向机构。 ( )

32. 解放 CA1092 型汽车后悬架的钢板弹簧是滑板式连接。 ( )

33. 东风 EQ1092 型汽车后悬架的钢板弹簧是卷耳连接。 ( )

34. 减震器在汽车行驶中出现发热是正常的。 ( )

35. 采用独立悬架的车桥通常为断开式。 ( )

36. 扭杆弹簧的左右扭杆,经过一段时间的装车使用后,为了避免疲劳损坏,只要安装位置合适,左右扭杆可以互换安装使用。 ( )

37. 汽车悬架装置中,导向机构是用来传递力和力矩的。 ( )

38. 吊耳是布置在钢板弹簧端部和车架之间的一个小连接件。 ( )

39. 更换悬架的螺旋弹簧时,要同时更换左右两个螺旋弹簧。 ( )

40. 汽车的不等长双横臂式独立悬架,下臂比上臂短,可使汽车在行驶中车轮和主销的角度及轮距变化不大。 ( )

五、简答题

1. 汽车行驶系的功用有哪些？它是由哪几部分组成的？

2. 车轮总成的作用是什么？

3. 简述子午线轮胎的优点。

4. 轮胎检查的具体内容有哪些？

5. 简述帘布层。

6. 车桥的作用是什么？简述车桥类型及分类。

7. 转向桥的作用是什么？

8. 什么是前轮定位？有哪些内容？各起什么作用？

9. 简述悬架的功用。

10. 减震器的作用是什么？

11. 独立悬架的优点有哪些？

12. 使用哪些方法检验减震器的工作是否良好？

13. 轮胎换位过程中的注意事项有哪些？

14. 缓冲层的作用是什么？

15. 简述转向轮定位参数及功用。

16. 与转向桥相比，说出转向驱动桥的不同。

项目五　转向系

项目目标

1. 掌握汽车转向系的类型、组成和功用。

2. 掌握汽车助力转向系的检查及更换方法、步骤。

3. 掌握转向系故障的检测工艺流程。

4. 正确使用工具和设备，根据维修手册，安全规范地对转向系进行维护。

重点

1. 掌握汽车转向系的类型、组成和功用。

2. 掌握汽车助力转向系的检查及更换方法、步骤。

3. 掌握转向系故障的检测工艺流程。

难点

正确使用工具和设备，根据维修手册，安全规范地对转向系进行维护。

项目要点

一、转向系的功用

汽车转向系的作用是驾驶员通过转动方向盘控制汽车的行驶方向，通过转向器和一系列杆件将转向力传递到车轮，从而改变和保持汽车的行驶方向。

二、转向系的分类

汽车转向系按转向动力源的不同分为机械转向系和动力转向系两大类。

1. 机械转向系分为齿轮齿条式、循环球式、蜗杆曲柄销式。

2. 动力转向系分为机械液压助力式、电子液压助力式、电动助力式。

三、转向系的设计要求

(1)零部件应有足够的强度及刚度，以保证汽车安全行驶。

(2)汽车转弯行驶时，全部车轮应绕瞬时转向中心旋转，任何车轮不应有侧滑。

(3)汽车转向行驶后，驾驶员松开转向盘，转向轮能自动返回到直线行驶位置并稳定行驶。

(4)转向轮碰撞到障碍物后，传给转向盘的反冲力要尽可能小。

(5)转向器和转向传动机构的球头处，有消除因磨损而产生间隙的调整机构。

(6)在车祸中，当转向轴和转向盘由于车架或车身变形而共同后移时，转向系应有能使驾驶员免遭或减轻伤害的防伤装置。

(7)操纵轻便，以减轻司机劳动强度。

知识点解析

1. 在汽车上，转向系是必不可少的最基本的系统之一，它也是决定汽车主动安全性的关键总成。(　　)

【答案】正确

【解析】该题主要考查转向系在汽车里的重要性。该题说法正确。

2. 转向盘是将驾驶员作用于转向盘的转向操纵机构力矩传给转向器的传力轴。(　　)

【答案】错误

【解析】该题主要考查的是转向轴的作用。转向轴是将驾驶员作用于转向盘的转向操纵机构力矩传给转向器的传力轴。因而该题说法错误。

3. 循环球式转向器具有操纵轻便、磨损小、寿命长的优点。(　　)

【答案】正确

【解析】循环球式转向器由两对传动副组成,具有操纵轻便、磨损小、寿命长的优点。随着汽车动力转向系的应用,循环球式转向器近年来又得到广泛应用。

4. 转向直拉杆的长度可调,通过调整横拉杆的长度,可以调整前轮前束。(　　)

【答案】错误

【解析】该题主要考查转向传动机构的作用。其中转向直拉杆是连接转向臂和转向节臂的杆件,具有传力和缓冲作用,转向横拉杆的长度可调,通过调整横拉杆的长度,可以调整前轮前束。因而该题说法错误。

5. 在转向传动机构中设置转向减震器是克服转向轮摆振的有效措施。(　　)

【答案】正确

【解析】该题主要考查转向减震器的作用。随着车速提高,汽车转向轮有时会产生摆振,在转向传动机构中设置转向减震器是克服转向轮摆振的有效措施。因而该题说法正确。

6. 当汽车出现转向沉重且不能回正故障时,应先检查轮胎气压。(　　)

【答案】正确

【解析】该题主要考查转向沉重且不能回正的故障诊断。当汽车出现转向沉重且不能回正故障时,应先检查轮胎气压,排除故障是否是由轮胎气压过低引起的,然后按诊断流程进行诊断。

7. 转向油泵是助力转向系中的动力源。(　　)

【答案】正确

【解析】该题主要考查转向油泵的作用。转向油泵是助力转向系中的动力源,是将发动机输入的机械能转化为液压能向外输出的装置。因而该题说法正确。

8. 气压式助力转向系主要用于采用气压制动系的货车和客车。(　　)

【答案】正确

【解析】该题主要考查助力转向系的有关内容。助力转向系根据传能介质不同,可分为气压式和液压式助力转向系两种,气压式助力转向系主要用于采用气压制动系的货车和客车。因而该题说法正确。

9. 桑塔纳 2000 系列轿车的助力转向油采用自动变速器油。(　　)

【答案】正确

【解析】该题主要考查助力转向油的应用。汽车助力转向油是汽车液压助力转向系的工作介质,液压助力转向油一直采用自动变速器油,如上海桑塔纳 2000 轿车的助力转向油。

10. 液压助力转向系中转向泵皮带越紧越好。( )

【答案】错误

【解析】该题主要考查转向泵皮带的检修。在保养时,应检查转向泵皮带的松紧度,看是否有断口,如有应及时更换,松紧度应以手指按下 1 cm 左右为宜。

11. 转向时,可以将方向"打死"。( )

【答案】错误

【解析】该题主要考查液压助力转向系的注意事项;转向时,不可将方向"打死",特别是在原地转向时,要留有一定的余量,保证液压助力转向系处于正常工作状态。

12. 在转向轮偏转且因悬架产生弹性形变而相对于车架跳动时,________与________及________的相对运动都是空间运动,为了不发生运动干涉,三者之间采用球形连接。

【答案】转向直拉杆、转向摇臂、转向节臂

【解析】该题主要考查转向拉杆与转向臂之间的关系。在转向轮偏转且因悬架产生弹性形变而相对于车架跳动时,转向直拉杆与转向摇臂及转向节臂的相对运动都是空间运动,为了不发生运动干涉,三者之间的连接件都是球形连接。

13. 转向盘自由行程一般超过( )应进行调整。

A. 10°~15°　　B. 25°~30°　　C. 15°~30°

【答案】B

【解析】该题主要考查转向盘的自由行程。一般规定,转向盘从直行中间位置向任一方的自由行程不超过 10°~15°,当零件磨损到使转向盘的自由行程超过 25°~30°时必须进行调整。

14. 在转向系中起减速增扭,改变力的传递方向的是( )。

A. 转向盘　　B. 转向器　　C. 转向梯形　　D. 转向纵拉杆

【答案】B

【解析】该题主要考查转向器的作用。转向器是转向系中的降速增距装置,并改变力的传动方向。

15. 上海桑塔纳轿车采用的转向器是( )。

A. 齿轮齿条式　　B. 循环球式　　C. 曲柄指销式　　D. 球面蜗杆滚轮式

【答案】A

【解析】该题主要考查液压式动力转向装置。根据转向器的种类,液压式动力转向装置有齿轮齿条式和循环球式两种,上海桑塔纳轿车采用的转向器是齿轮齿条式液压式动力转向器。

项目测评

一、填空题

1. 汽车转向系按转向动力源的不同分为________和________两大类。

2. 汽车转向操纵机构主要由________、________、________等组成。

3. 机械转向系由________、________和________三部分组成。

4. 转向盘由________、________、________组成。

5. 转向器按其结构形式可分为________、________、________和________四种。

6. 循环球式转向器由两套传动副组成，一套是传动副，另一套是________或________传动副。

7. 转向传动机构主要由________、________和________等组成。

8. 转向摇臂的大端用锥形________细花键与转向器中________的外端连接，小端通过________做空间铰接连接。

9. 在转向轮偏转且因悬架产生弹性形变而相对于车架跳动时，________与________及________的相对运动都是空间运动，为了不发生运动干涉，三者之间采用球形连接。

10. 转向横拉杆，由________和两个旋转装在两端的________组成。其特点是，通过调整横拉杆的长度，可以调整________。

11. 在转向传动机构中设置________是克服转向轮摆振的有效措施。

12. 助力转向装置由________、________，以及将发动机输出的部分机械能转化为压力能的转向油泵、储油罐等组成。

13. 机械液压助力转向系的液压泵是直接通过皮带驱动的，而电子液压助力转向系采用的是由__________的电子泵。

二、选择题

1. 汽车转向时，内侧转向轮偏角 B 与外侧转向轮偏角 a 的关系是________。（　　）

A. $B>a$　　B. $B=a$　　C. $B<a$　　D. 不一定

2. 现代汽车左、右转向轮的偏转角，一般从直行位置算起，为________。（　　）

A. 15°~20°　　B. 25°~30°　　C. 34°~42°　　D. 42°~52°

3. 轿车的转弯半径一般为________。（　　）

A. 3~4 m　　B. 4~5 m　　C. 5~6 m　　D. 7~16 m

4. 汽车转向时，内外转向轮偏转角间的正确关系是由________来保证的。（　　）

A. 转向主拉杆　　B. 转向梯形机构　　C. 转向器　　D. 转向摇臂

5. 转向系的角传动比越大，则________。（　　）

A. 操纵越轻便，灵敏度越高　　B. 操纵越轻便，灵敏度越低

C. 操纵越不轻便，灵敏度越高　　D. 操纵越不轻便，灵敏度越低

6. 转弯半径是指由转向中心到________。（　　）

A. 内转向轮与地面接触点间的距离　　B. 外转向轮与地面接触点间的距离

C. 内转向轮之间的距离　　D. 外转向轮之间的距离

7. 要实现正确的转向，只能有一个转向中心，并满足________关系式。（　　）

A. $\cot\alpha=\cot\beta-b/L$　　B. $\cot\alpha=\cot\beta+b/L$　　C. $\alpha=\beta$

8. 转向盘自由行程一般不超过________。（　　）

A. 10°~15°　　B. 25°~30°　　C. 15°~30°

9. 转向系的三个主要组成部分是转向操纵机构、转向器和________。（　　）

A. 转向摇臂　　B. 转向传动机构

C. 齿轮齿条装置　　D. 转向盘

10. ________是连接汽车左、右梯形臂的杆件，它与左、右梯形臂及前轴构成转向梯形

机构。 ( )

A. 转向摇臂　B. 转向直拉杆　C. 转向横拉杆　D. 转向盘

11. 为了适应总布置的要求，有些汽车在转向盘和转向器之间由________连接。 ( )

A. 轴　B. 钢丝　C. 万向传动装置　D. 链条

12. 在转向系中起减速增扭，改变力的传递方向作用的是________。 ( )

A. 转向盘　B. 转向器　C. 转向梯形机构　D. 转向纵拉杆

13. 上海桑塔纳轿车采用的转向器是________。 ( )

A. 齿轮齿条式　B. 循环球式　C. 曲柄指销式　D. 球面蜗杆滚轮式

14. 转向系中能衰减路面不平而传给转向盘的冲击和振动的是________。 ( )

A. 转向器　B. 转向横拉杆　C. 转向减震器　D. 转向臂

15. 对于循环球式转向器，下列说法错误的是________。 ( )

A. 一般有两级传动副，转向螺杆与螺母之间的螺纹并不直接接触

B. 第一级是螺杆螺母传动副，第二级是齿条齿扇传动副

C. 螺杆与螺母之间装有钢球，以实现滚动摩擦

D. 在转向器工作中，两列钢球在共同的封闭滑道内循环，不会脱出

16. 汽车转向传动机构中的横拉杆，对中间拉杆两端与球销总成相连接的部分而言，以下________正确。

A. 两端都是左旋螺纹　B. 两端都是右旋螺纹

C. 一端为左旋螺纹，另一端为右旋螺纹　D. 没有一定的要求

17. 轿车转向系中多采用________转向器。 ( )

A. 循环球式　B. 齿轮齿条式　C. 蜗轮蜗杆式　D. 蜗杆曲柄指销式

18. 在下列部件中________不属于转向传动机构。 ( )

A. 转向轮　B. 转向节臂　C. 转向横拉杆　D. 转向摇臂

19. 有些汽车前轮采用独立悬架，所以转向梯形机构中的横拉杆应做成________。 ( )

A. 断开式　B. 整体式　C. 组合式　D. 没有特别规定

20. 汽车转向系采用了动力转向后，转向轮偏转的开始和终止都要较转向盘转动的开始和终止________。 ( )

A. 早些　B. 晚些　C. 快些　D. 慢些

21. 转向盘自由行程过大原因是________。 ( )

A. 转向器传动副的啮合间隙过大

B. 转向传动机构各连接处松旷

C. 转向节主销与衬套的配合间隙过大

22. 液压式动力转向系，目前广泛应用于________。 ( )

A. 小型货车和轿车　B. 高速轿车和重型货车

C. 越野汽车　D. 中型客车

三、判断题

1. 转向系的作用是保证汽车转向的。（　）

2. 汽车在转弯时，内转向轮和外转向轮滚过的距离是不相等的。（　）

3. 两转向轮偏转时，外轮转角比内轮转角大。（　）

4. 转向半径 R 愈小，则汽车在转向时所需要的场地面积就愈小。（　）

5. 从转向中心到转向外轮中心的距离称为转弯半径。（　）

6. 当外转向轮偏转到最大允许转角时，转弯半径最小，称为最小转弯半径。（　）

7. 对于一定型号的汽车，两侧注销中心距离 B 和汽车轴距 L 是一定的。（　）

8. 机械转向系具有结构简单、工作可靠、路感好、维修方便等优点。（　）

9. 循环球式转向器传动效率高，机件磨损小，操纵省力，使用寿命长。（　）

10. 齿轮齿条式转向器反冲力较大，因此一般在齿轮与转向轴间加装柔性万向节或在前桥中设置横向减震器，从而达到吸收冲击能量的作用，减轻对驾驶员的伤害。（　）

11. 齿轮齿条式转向器具有结构简单、轻巧，传力杆减小，维修方便，操纵灵活等优点。（　）

12. 转向垂臂安装时，应对正标记，使从中间往两边的摆角范围大致相等。（　）

13. 转向横拉杆两端接头螺纹旋向是相反的，所以旋转横拉杆时两端接头可同时向里或向外移动，即可改变横拉杆的长度调整前轮前束。（　）

14. 可逆式转向器有利于转向轮和转向盘自动回正，但汽车在坏路面上行驶时易发生转向盘打手现象。（　）

15. 转向盘自由行程对于缓和路面冲击，使操纵柔和以及避免使驾驶员过度紧张是有利的。（　）

16. 循环球式转向器中的转向螺母既是第一级传动副的主动件，又是第二级传动副的从动件。（　）

17. 采用动力转向系的汽车，当转向加力装置失效时，汽车也就无法转向了。（　）

18. 循环球式转向器有两个传动副。（　）

19. 桑塔纳、奥迪、夏利、雪铁龙轿车均采用齿轮齿条式转向器。（　）

20. 汽车转向盘转向传动比增大，转向操纵力不变。（　）

21. 转向传动机构的功用是将转向器输出的力和运动传到转向桥两边的转向节，使两侧转向轮偏转。（　）

四、名词解释

1. HPS

2. EHPS

3. EPS

4. 转弯半径

5. 整体式助力转向器

6. 半整体式助力转向器

7. 转向加力器(组合式助力转向器)

8. 随速可变助力转向系

9. 可变转向比转向系

10. 滑动式转向控制阀

11. 回转式转向控制阀

五、简答题

1. 简述转向系的设计要求。

2. 简述转向系的作用。

3. 简述转向轴的作用。

4. 简述齿轮齿条式转向器的特点。

5. 简述机械液压式助力转向系的特点。

6. 简述电子液压式助力转向系的特点。

7. 液压式助力转向系的维护要点及注意事项有哪些？

8. 简述汽车转向沉重且不能回正的故障诊断流程。

9. 简述液压式助力转向系的排气方法。

10. 简述转向不灵的故障诊断流程。

项目六　制动系

项目目标

1. 掌握制动系的工作原理。
2. 掌握车轮制动器、驻车制动器的结构和工作原理。
3. 了解制动力分配调节装置的结构和工作原理。
4. 能叙述各种制动器的制动过程。
5. 能识别制动系的常见故障,并进行基本的故障诊断及检修。
6. 掌握制动系主要零部件的检修方法。
7. 掌握驻车制动装置的调整方法和步骤。

重点

1. 掌握制动系的工作原理。
2. 掌握车轮制动器、驻车制动器的结构和工作原理。

难点

1. 能识别制动系的常见故障,并进行基本的故障诊断及检修。
2. 掌握制动系主要零部件的检修方法。
3. 掌握驻车制动装置的调整方法和步骤。

项目要点

一、制动系的功用

根据需要使汽车减速或在最短距离内停车;下坡行驶时限制车速;保证汽车停放可靠。

二、制动系的基本组成

为完成汽车制动系的作用,现代汽车上一般设有以下几套独立的制动系:

(1)行车制动系。

(2)驻车制动系。

(3)应急制动、安全制动和辅助制动系。

汽车上设置有彼此独立的制动系,它们起作用的时刻不同,但它们的组成却是相似的。它一般由以下四个部分组成:①供能装置;②控制装置;③传动装置;④制动器。

较为完善的制动系还包括制动力调节装置、报警装置及压力保护装置等。

三、制动系主要零部件的检修方法

对于一定结构的汽车,需要正常的维护以保持制动系统良好的技术状况,在行车过程中发现制动系统有故障或存在隐患,要及时查明原因并排除,以保证行车安全。

(一)制动器检修

1. 钳盘式制动器检修

1)固定卡钳盘式制动器检修

固定卡钳盘式制动器制动块摩擦衬片厚度磨损到 2 mm,就应进行更换,而且 4 块必须同时更换。新盘表面平面度公差不超过 0. 025 mm,两端面平行度不超过 0. 125 mm。但只有拆下制动钳上的制动块之后才能测量其厚度。平时维护一般可通过制动钳上的观察孔检查。制动钳壳体不得有严重锈蚀和损伤现象;否则必须更换。对于轻微锈蚀可用细砂纸打光。橡胶密封圈必须保持良好的弹性,应定期更换。

2)浮动卡钳盘式制动器检修

浮动卡钳盘式制动器的制动钳通过支架上装有带衬套筒的螺钉销与车桥固定连接,其内外侧凸缘分别支承于螺钉销尾部和套筒上,因此制动钳可沿螺钉销轴向浮动。只有制动钳的内侧装有制动分泵,而外侧只装制动块。制动时活塞推动内制动块压靠在制动盘上,同时制动钳整体沿螺钉销向内侧移动,从而使外制动块也压靠到制动盘。这样内外制动块便紧紧压到制动盘上。浮动卡钳盘式制动器的检修和固定卡钳盘式制动器大致相同,需要补充的有以下几点:①检查制动钳导向装置是否产生磨损或变形,弹性夹的弹性是否正常、是否产生变形。②检查制动钳支架有无裂纹和磨损,支承弹簧是否变形,制动块支承板有无损伤。③必要时应进行必要的修整或更换新件。

3)制动盘检修

制动盘在使用期限内应能保持制动表面各项允许偏差,其中包括厚度平面度、平行度和横向摆差等。保持制动盘表面形状的完好,可以减少制动粗暴及踏板脉动。

(1)厚度检查。在进行厚度检查时,要将车辆升起并卸下车轮。测量距制动盘外缘 10 mm,相隔约 45°的 8 个测量点的厚度,如图 6-1 所示检查厚度偏差。如果制动盘的厚度小于最大修理极限值,则应更换制动盘。如果只是制动盘厚度差不符合要求,则可使用车床进行修整。

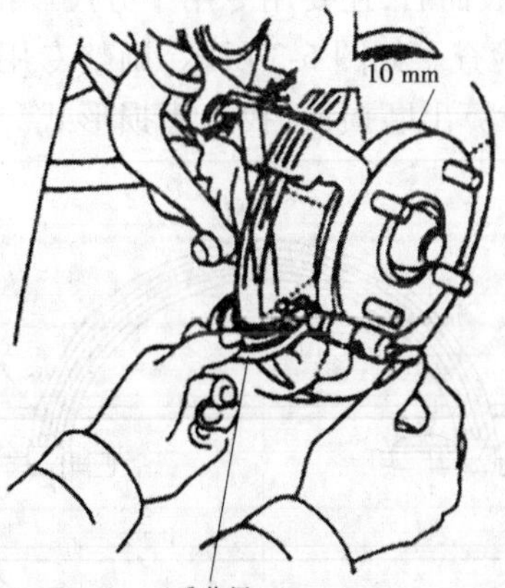

图 6-1　测量制动盘厚度

除厚度公差外,还必须将表面粗糙度控制在规定范围内。这样可以避免制动跑偏和性能异常,延长摩擦片使用寿命。

(2)端面跳动检查。检查端面跳动可以用专门的仪器,在实际制动的情况下,仪器检测能提供非常准确的读数。也可用千分表检查端面跳动,但需要举升车辆,卸下车轮,并将制动盘重新固定在轮毂上,同时拆下制动钳并挂好。

先检查制动盘表面是否有裂纹和较深的划痕,然后彻底清洗制动盘,除掉锈迹或污物。将千分表固定到制动钳上,并使千分表测量头接触到距离制动盘外缘 10 mm 左右,如图 6-2 所示。将千分表调到零位,转动轮毂一圈,细心观察千分表读数,跳动量不得超过维修要求中所规定的极限值。

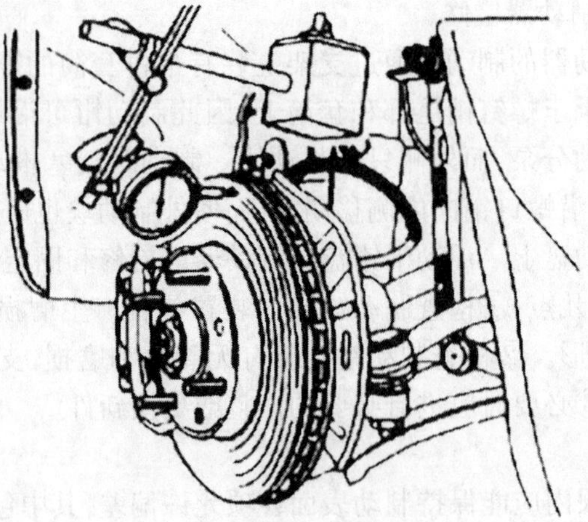

图 6-2 检查制动盘端面跳动

2. 鼓式制动器检修

1)制动鼓检修

先外观检查制动鼓表面的磨损情况(如果磨损严重,可直接报废),然后将表面污渍清理干净。检查完制动鼓的表面后,还要用专用千分尺或量规测量制动鼓的外形尺寸。

(1)制动鼓尺寸和圆度检查。如图 6-3 所示,调整专用千分尺与制动鼓直径相当,测量制动鼓的尺寸和圆度,并计算出磨损量,找出磨损形式。在互成直角、宽和窄的对边边缘处测量直径差(圆度)。

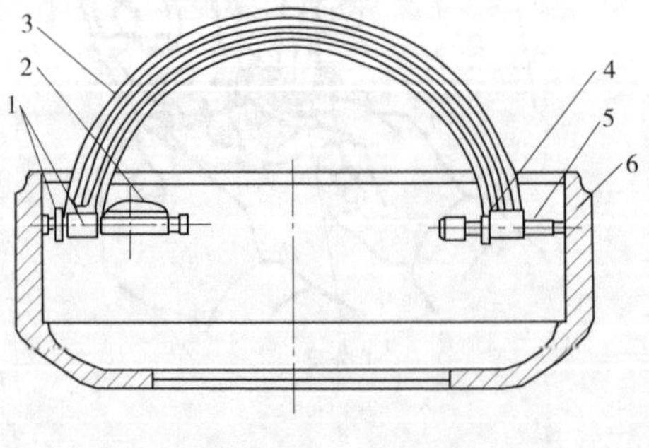

1—锁紧装置;2—百分表;3—弓形架;4—锁紧螺母;5—调节杆;6—制动鼓

图 6-3 制动鼓尺寸和圆度检查

(2)制动鼓圆柱度的检查。如图 6-4 所示,圆柱度的检查是以轮毂轴承座孔为基准进行检查的。在圆周上等固定间隔的各点,从制动鼓的底部向边缘测量直径的变化量(圆柱度）。

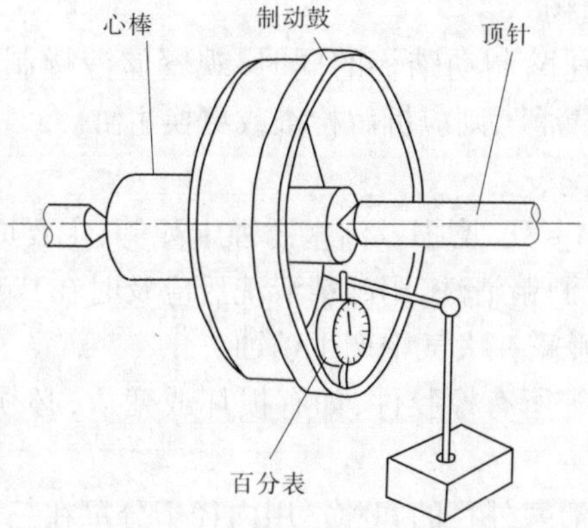

图 6-4　制动鼓圆柱度检查

（3）制动鼓的修理。制动鼓除有裂纹外，均可镗削修复，但要注意镗削的极限尺寸，若镗后过大，超过规定值，也不能使用。制动鼓经多次镗削后，内径接近极限尺寸时，应更换。

2）制动蹄摩擦片检修

检查制动蹄摩擦片的厚度，当摩擦片在最薄点的磨损量超过维修手册规定的磨损量时，必须更换摩擦片或制动蹄。当摩擦片上有润滑油脂或制动液时，也必须更换新的摩擦片或制动蹄。制动蹄和摩擦片要成组更换。

检查制动蹄和摩擦片有无变形、裂纹或松动。若发现这些情况，应更换制动蹄片。若使用已经严重磨损的制动蹄片，会迅速使制动鼓划伤。摩擦片接近使用寿命末期就应更换。切勿只更换一个制动器上的摩擦片，要对所有车轮上的制动蹄进行检查更换。

在单支承销的双向自增力鼓式制动器中，较短的摩擦片始终要朝向车辆的前方，安装时不要装错。

制动蹄上的摩擦片，可采用黏接和铆接两种方法。黏接法省时、省力，不存在铆钉外露刮伤制动鼓的问题；但粘接的摩擦片一定要牢固、可靠，以免影响行车安全。

无论是黏接还是铆接，摩擦片的两端头均要倒角，且有关技术要求必须符合维修规定，以免影响制动的平稳性。

（二）制动主缸检修

1. 制动主缸不解体检查

1）制动主缸渗漏的检查

（1）用两个专用压力表接头及两个连接油管，分别连接到制动主缸的前、后液压力出口上。

（2）踩踏制动踏板，拧松两专用压力表接头上的排气阀以排除制动主缸及检查用管路中的空气。

（3）按厂家要求的条件（如怠速运转发动机，不同真空度下测量），一人在车内以一定的踏板力踩踏制动踏板，另一人则在车下观察压力表的读数值，此值应符合厂家要求。如果压力表的读数不符合厂家要求,则说明制动主缸内部存在渗漏现象。

2)检查旁通孔是否通畅

将储液罐盖打开,在踩踏制动踏板的同时,观察储液罐制动液是否有(正常时应该有)"泉涌"反应。若无"泉涌",则应拆解检查或更换主缸。

(二)制动主缸拆解检查

(1)主缸出现故障,如卡死、磨损及活塞锈蚀卡死等,主要原因是杂质混入其内,装配前应当用洁净的制动液或酒精清洗,用酒精清洗后应及时在其工作表面涂以制动液,并及时装配,以防止工作表面暴露在大气中产生锈蚀。

(2)检查皮碗和油封等所有橡胶件,如有损坏或变质,必须更换,正常情况两年更换一次。

(3)检查主缸内径和活塞外径的间隙。用内径千分尺在三个位置(底、中、顶)和两个相互垂直的方向分别测量主缸内径,用外径千分尺测量活塞外径,如间隙超过其限度(0.15 mm)则应更换。

(4)装配时应给主缸内侧表面和活塞外表面涂上制动液。

(5)测量真空助力器推杆与后活塞的间隙。此间隙反映在制动踏板上就是踏板自由行程,如不在规定范围内则应进行调整。

(6)检查缸体是否有裂纹或螺孔损坏现象。如有损坏,则应对其进行修复或更换。

(7)检查进油管接头是否清洁畅通,接头螺纹是否完好,如损坏应更换。

(8)检查阀门弹簧及垫圈是否完好,主缸回位弹簧是否符合技术规范。若弹簧过软或折断、垫圈损坏,则应予以更换。

(三)真空助力器检修

1. 真空助力器渗漏的检查

真空助力器渗漏,将影响或失去其助力作用。通过专用工具三通管接头将专用真空表连接在真空助力器与真空单向阀之间。启动发动机,并将发动机维持在某一转速下运转,使得真空表指示的真空值在厂家要求(或经验值)的范围内。停熄发动机,观察真空表真空读数的下降情况。要求在 30 s 内,其真空读数下降值不得超过规定值(或经验值);否则应检查下列零部件是否存在渗漏现象:真空单向阀、真空软管、真空助力器本身(橡胶反作用盘、膜片、真空助力器壳体等)和制动主缸。

2. 真空助力器工作性能检查

在发动机停熄状态,连踏几下制动踏板以消除真空助力器中的真空度。踏下制动踏板并保持不动,然后启动发动机,若此时制动踏板下降少许,则说明真空助力器工作正常;否则,检查制动主缸、真空单向阀等处是否有渗漏现象。

四、车轮制动器的局部调整

(1)支起需要调整的车轮。

(2)取下调整臂的防尘罩,推进锁止套,露出蜗杆轴的六方头。

(3)用扳手转动蜗杆轴,并转动制动鼓,从制动检视孔中插入塞尺相应的规片,在距制动蹄两端 20~30 mm 处测量,制动蹄摩擦片与制动鼓的间隙应达到技术标准(凸轮轴端 0.4~0.7 mm,蹄轴端 0.2~0.5 mm)。

(4)调好后退出锁止套,套上防尘罩,放好车轮。

应注意局部调整时,切不可转动制动蹄轴,一旦转动,应进行全面调整。

五、车轮制动器的全面调整

(1)支起调整车轮,取下制动鼓上检视孔的盖片。

(2)用扳手拧松制动蹄轴的固定螺母和制动凸轮轴支架的固定螺栓螺母。

(3)转动制动蹄轴,使两个轴端的标记朝内相对。

(4)反复拧转制动蹄轴和调整臂蜗杆轴,使制动蹄摩擦片与制动鼓完全贴合,用手转动制动鼓,应不能转动。

(5)拧紧凸轮轴支架,再用扳手紧固制动蹄轴固定螺母。紧固时,需保持制动蹄轴和凸轮轴支架的位置不变。

(6)调整蜗杆轴拧松 3~4 响(退回 1/2~2/3 圈)。

(7)用塞尺相应的规片检查制动鼓与制动蹄摩擦片间隙应符合技术标准。

(8)装回制动鼓检视孔盖片。

六、更换刹车油的方法

(1)技师 A 升起汽车(高度以方便往储油罐加油为适),并拆下四个轮胎。

(2)换油时,技师 B 启动发动机并保持其怠速运转(非真空助力式的制动系,无须启动发动机),拧下制动液储油罐的加油口盖。

(3)在车轮制动器分泵放气螺栓外端套上一根透明塑料管,将管的另一端放入装制动液的容器内。

(4)技师 B 快速连续踩下制动踏板数次(每次踩到底且放到最高位置)后,踩下制动踏板,让技师 A 拧松制动分泵上的放油螺栓,待油出来后迅速拧紧放气螺栓。

七、ABS 的作用

汽车制动防抱死系统(ABS)是保证汽车在任何路面上紧急制动时,自动控制和调节车轮的制动力,防止车轮完全抱死,获得最佳制动效果。从而避免制动过程中的侧滑跑偏和丧失转向操纵能力等,提高汽车操纵性能和稳定性能的同时还能获得最大的制动力,提高汽车制动性能,对保证汽车安全具有重要意义。

知识点解析

1. 汽车制动系统按制动能源的不同分为人力制动系、动力制动系和伺服制动系三种。(　　)

【答案】正确

【解析】该题主要考查制动系统的类型。汽车制动系统按制动能源的不同分为人力制动系、动力制动系和伺服制动系三种。因而该题正确。

2. 国产制动液依据其平衡回流沸点,分为 JG0、JG1、JG2、JG3、JG4、JG5 六个质量等级。(　　)

【答案】正确

【解析】该题主要考查国产制动液的等级。国产制动液依据其平衡回流沸点,分为 JG0、JG1、JG2、JG3、JG4、JG5 六个质量等级,序号越大,平衡回流沸点越高,高温抗气阻性越好,行车制动安全性越高。

3. 制动液可以混合使用。(　　)

【答案】错误

【解析】该题主要考查制动液的选用原则。其中规定制动液不能混合使用。因而该题说法错误。

4. 更换制动液时,发动机应处于怠速运转状态。(　　)

【答案】错误

【解析】该题主要考查制动液更换时发动机的状态。更换制动液时,启动发动机并保持怠速运转状态,拧下制动液储油罐的加油口盖,但非真空助力式的制动系,无须启动发动机。因而该题说法错误。

5. 制动踏板行程的检查是汽车在维护保养过程中的常见项目。(　　)

【答案】正确

【解析】该题主要考查制动踏板行程检查的重要性。汽车在使用过程中,制动踏板行程过大会使汽车制动性能下降,因而汽车在维护保养过程中要对制动踏板行程进行检查。因而该题说法正确。

6. 液压式制动传动装置具有制动柔和灵敏、结构简单、维护方便、不消耗发动机功率等优点。(　　)

【答案】正确

【解析】该题主要考查液压式制动传动装置的特点。液压式制动传动装置具有制动柔和灵敏、结构简单、维护方便、不消耗发动机功率等优点,已被广泛用于轿车和重型汽车上。因而该题说法正确。

7. 现代汽车都采用双管路液压制动传动装置。(　　)

【答案】正确

【解析】该题主要考查液压式制动传动装置的类型及应用。液压式制动传动装置可分为单管路液压制动传动装置、双管路液压制动传动装置、真空液压制动传动装置三种,现代汽车都采用双管路液压式制动传动装置。

8. 目前,广泛应用的制动器是盘式驻车制动器。(　　)

【答案】错误

【解析】该题主要考查制动器的类型及应用。制动器按结构形式可分为鼓式、盘式、带式、弹簧作用式驻车制动器,由于鼓式制动器外廓尺寸小、易于调整、防泥沙性能好,因而得到广泛应用。

9. 电子驻车制动系统是由电子控制方式实现停车制动的技术。(　　)

【答案】正确

【解析】该题主要考查电子驻车系统。电子手刹也就是电子驻车制动系统,是由电子控制方式实现停车制动的技术。因而该题说法正确。

10. 现代货车广泛采用盘式制动器,而鼓式制动器多用于轿车和轻型汽车。(　　)

【答案】错误

【解析】该题主要考查鼓式和盘式制动器的具体应用。现代货车广泛采用鼓式制动器,而盘式制动器多用于轿车和轻型汽车。因而该题说法错误。

11. 制动气室推杆行程超过 40 mm 时应对车轮制动器进行局部调整。(　　)

【答案】正确

【解析】该题主要考查车轮制动器的局部调整。车轮制动器局部调整是在制动摩擦片磨损后,制动气室推杆行程超过 40 mm 或二级维护时所进行的调整作业。因而该题说法正确。

12. 后制动器摩擦片磨损极限为 2.5 mm。(　　)

【答案】正确

【解析】该题主要考查后制动器摩擦片磨损的检查。检测后制动器摩擦片厚度,后制动器摩擦片磨损极限为 2.5 mm,若超过磨损极限应更换新制动片。因而该题说法正确。

13. 轿车、小客车的前轮大多采用盘式制动器。(　　)

【答案】正确

【解析】该题主要考查的是盘式车轮制动器。盘式车轮制动器散热能力强、热稳定性能好,轿车、小客车的前轮大多采用盘式制动器。因而该题说法正确。

14. 制动液液面高度应始终保持在________"MAX"与________"MIN"之间。

【答案】最高刻度线、最低刻度线

【解析】该题主要考查制动液的液面高度检查,应检查制动液的液面高度,液面高度应始终保持在"MAX"与"MIN"之间。因而该题说法正确。

15. ABS 装置,可以使汽车制动时保持________滑移率,而不抱死,获得最佳的制动效果。

A. 100%　　B. 50%　　C. 20%~30%　　D. 10%~20%

【答案】D

【解析】该题主要考查汽车制动防抱死系统。当汽车制动时,车轮完全抱死,滑移率为 100%,汽车的侧向制动力将大幅度降低,造成汽车侧滑和失控;若滑移率为 10%~20%,则制动效果最佳。ABS 装置,可以使汽车制动时保持 10%~20%滑移率,而不抱死。因而该题选 D。

16. 液压式制动传动装置制动液受温度变化的影响,温度越低,制动性能(　　)。

A. 越低　　B. 越高　　C. 先高后低　　D. 不变

【答案】A

【解析】液压式制动传动装置操纵较费力,制动力不太大,制动液受温度变化的影响,温度越低,制动性能越低。因而该题选 A。

17. 下列关于制动踏板自由行程过大的原因中,错误的是(　　)。

A. 制动系内有空气　　B. 制动踏板自由行程过大

C. 制动盘与摩擦片间隙过大　　D. 摩擦片抱死

【答案】D

【解析】该题主要考查制动踏板自由行程过大的原因。其原因较多,但摩擦片抱死不会造成制动踏板自由行程过大。因而该题选 D。

18. 东风 EQ1090E 型汽车,驻车制动器采用(　　)。

A. 盘式　　B. 中央制动式　　C. 鼓式　　D. 自动增力式

【答案】B

【解析】该题主要考查驻车制动器的应用。驻车制动器按其安装位置可分为中央制动式和车轮制动式两种；东风 EQ1090E 型汽车采用中央制动式驻车制动器。

项目测评

一、填空题

1. 汽车制动系一般至少装用________各自独立的系统，一套是________，主要用于汽车行驶中________；另一套是________，主要用于________。

2. 行车制动系一般由以下四部分组成，有________、________、________、________。

3. 汽车上采用的车轮制动器可分为________和________两种。

4. 制动器主要由________、________、________、________组成。

5. 汽车制动系统按照制动能源的不同可以分为________、________和________三种。

6. 根据制动时两制动蹄径向力的平衡状况，鼓式制动器为________、________、________三种。

7. 真空增压器由________、________和________三部分组成。

8. 多数驻车制动器安装在________或________之后，也有少数汽车装在________后________输入前端，还有的汽车以________兼作驻车制动器。

9. 平衡式车轮制动器分为________、________。

10. 按张开装置的形式不同，鼓式车轮制动器可分为以液压轮缸作为制动蹄张开装置的________和以凸轮作为张开装置的________。

11. 鼓式制动器的旋转元件，其工作表面是制动鼓的________。

12. 凸轮式制动器的间隙是通过________来进行调整的。

13. 盘式制动系的基本零件是________、________。

14. 盘式制动器结构有许多变形，但都可归纳为两个主要类型：________和________。

15. 盘式制动器制动卡钳有________和________两种。

16. 盘式制动器相比于鼓式制动器的主要优点是________和________。

17. 浮动钳式制动器的优点是制动钳可以相对于制动盘做________移动。

18. 鼓式制动器与盘式制动器相比，制动时制动片起________作用。

19. 浮钳型盘式车轮制动器主要由________、________、________等零件组成。

20. 常见的驻车制动器有________、________、________和________四种。

21. 液压制动传动装置常见的布置形式有________和________两种。

22. 液压制动增压装置根据增压装置的力源不同分为________和________两种。目前，我国汽车一般采用________。

23. 增压器控制阀部分是由________和________组成的双重阀门。

24. 排除液压制动系统空气时，一般由________的一个轮缸先进行，各轮缸的排气顺序应为________。

25. 制动防抱死系统按液压调节系统可分为________和________两种。整体式是将________与________制作为一体；分离式是将液压调节系统独立安装在________与________之间。

26. 制动防抱死装置中有三个重要的继电器：________、________、________。
27. 一般家用轿车前轮多采用________制动器，后轮采用________制动器。
28. 制动系按作用可分为行车制动系、________、________和________。
29. 制动液液面高度应始终保持在________"MAX"与________"MIN"之间。
30. 液压制动系由________、制动分泵、________组成。
31. 按照安装位置驻车制动系可分为________和中央制动式。
32. 根据制动时两制动蹄对制动鼓径向力的平衡状况，鼓式车轮制动器又可分为________、________和________。
33. 根据增压装置的力源不同，增压装置分为________和________两种。
34. 盘式车轮制动器常见的有________和________两种。旋转元件都是工作面的金属盘称为________盘。
35. 钳盘式车轮制动器按其结构形式可分为________和________两种。旋转元件________工作面的金属盘称为________盘。
36. 盘式制动器主要零部件有________、________、________和________等。
37. 汽车制动拖滞的检查方法是，使汽车行驶一段距离后，用手抚摸各制动鼓，若全部发热，说明故障在________，若个别制动鼓发热，说明故障在________。
38. ABS系统主要作用是在汽车紧急制动时用________传感器检测车轮转速信号，以防止车轮被________而使车辆失去转向或导致侧滑甩尾。
39. 制动防抱死系统主要由________、________、________和________等组成。
40. 液压调节系统是制动防抱死系统中的液压执行机构，它主要由________、________、________、________和________组成。

二、选择题

1. ABS装置，可以使汽车制动时保持________滑移率而不抱死，获得最佳的制动效果。（　　）

A. 100%　　B. 50%　　C. 20%~30%　　D. 10%~20%

2. 在汽车制动过程中，如果只是前轮抱死到滑移而后轮还在滚动，则汽车可能______。（　　）

A. 失去转向性能　　B. 甩尾　　C. 正常转向　　D. 调头

3. 液压制动系统作用在前后桥制动蹄上的张开力与下面哪些因素无关？（　　）

A. 踏板力　　B. 制动踏板的杠杆比

C. 前后轮缸活塞的直径比　　D. 制动蹄摩擦片面积

4. 双回路液压制动系中任一回路失效时，下列哪个说法不正确？（　　）

A. 制动主缸仍能工作　　B. 所需踏板行程变小

C. 制动距离增加　　D. 制动效能下降

5. 真空助力器开始起助力作用时，________。（　　）

A. 真空阀关闭，大气阀关闭　　B. 真空阀关闭，大气阀打开

C. 真空阀打开，大气阀关闭　　D. 真空阀打开，大气阀打开

6. 为了提高汽车制动的可靠性和行车安全性，现代汽车广泛采用的是______制动

传动装置。 ( )

A. 单回路　B. 双回路　C. 三回路　D. 四回路

7. 不制动时，真空增压器空气阀和真空阀所处的状态是________，而开始制动时两阀状态与之相反。 ( )

A. 空气阀打开，真空阀关闭　B. 空气阀关闭，真空阀打开

C. 空气阀、真空阀均打开　D. 空气阀、真空阀都关闭

8. 使已停驶的汽车在原地不动的制动系是________。 ( )

A. 行车制动系　B. 驻车制动系　C. 第二制动系　D. 辅助制动系

9. 解放 CA1091 型汽车，驻车制动器采用________。 ( )

A. 盘式　B. 凸轮张开式　C. 鼓式　D. 自动增力式

10. 中央制动器的旋转元件固装在________上。 ( )

A. 传动系的传动轴　B. 车轮

C. 半轴　D. 主减速器

11. 鼓式车轮制动器的旋转元件是________。 ( )

A. 制动蹄　B. 制动鼓　C. 摩擦片　D. 制动钳

12. 在结构形式、几何尺寸和摩擦副的摩擦系数一定时，制动器的制动力矩取决于________。 ( )

A. 制动管路内的压力　B. 车轮与地面间的附着力

C. 轮胎的胎压　D. 车轮与地面间的摩擦力

13. 制动器缓慢拖滞转动的原因可能是下列哪一项？ ( )

A. 系统内空气过量　B. 制动轮缸或制动钳活塞被卡住

C. 制动踏板回位弹簧拉力过大　D. 制动蹄片磨损量过大

14. 简单非平衡式车轮制动器不论在汽车前进还是在倒车制动时，两制动蹄所处状态都是________。 ( )

A. 两蹄均为助势蹄　B. 两蹄均为减势蹄

C. 一个为助势蹄，一个为减势蹄　D. 不一定

15. 单向平衡式制动器的张开机构是________。 ( )

A. 一个双向轮缸　B. 两个单向轮缸

C. 两个双向轮缸　D. 一个凸轮

16. 车轮制动时，制动鼓和制动蹄会发热，这是因为________。 ( )

A. 车轮旋转的动能转变成热能　B. 化学能转变成热能

C. 液压能转变为热能　D. 以上说法都不正确

17. 解放 CA1091 型汽车行车制动器采用________。 ( )

A. 简单非平衡式　B. 单向助势平衡式

C. 自动增力式　D. 双向助势平衡式

18. 任何制动系都由供能装置、控制装置、传动装置和制动器四个基本部分组成，其中制动踏板机构属于________。 ( )

A. 供能装置　B. 控制装置　C. 传动装置　D. 制动器

19. 制动蹄用在________。 (　　)

A. 前轮盘式制动器　B. 鼓式制动器

C. 制动主缸的背面　D. 活塞式制动器

20. 当车辆制动时,制动产生的摩擦力矩的方向________。 (　　)

A. 与车轮旋转方向相同　B. 与车轮旋转方向相反

C. 前进制动时与车轮旋转方向相同　D. 倒车制动时与车轮旋转方向相反

21. 汽车制动时,制动力的大小取决于________。 (　　)

A. 汽车的重量　B. 车速

C. 制动力矩　D. 汽车的运行状况

22. 以下不是汽车制动系维护的项目是________。 (　　)

A. 更换制动液　B. 调整驻车制动系

C. 紧固底盘螺栓　D. 检查制动摩擦片厚度

23. 下列机构中,不属于液压助力转向系的部件是________。 (　　)

A. 转向助力泵　B. 转向扭矩传感器

C. 转向控制阀　D. 转向液压缸

24. 液压制动系制动力不足时,连续踏下踏板的目的是________。 (　　)

A. 增加系统内油液压强　B. 加大系统内油液流速

C. 使蹄鼓间隙缩小　D. 使油液快速流回主腔

25. 液压制动系中如两脚制动踏板位置未升高,则可判定________。 (　　)

A. 管路严重漏油　B. 管路轻微漏油

C. 工作缸活塞卡死　D. 踏板弹簧太硬

26. 下列不属于驻车制动器组成的是________。 (　　)

A. 扇齿　B. 锁止片　C. 手柄　D. 制动分泵

三、名词解释

1. 增势蹄

2. 减势蹄

3. 简单非平衡式制动器

4. 单向助势平衡式制动器

5. 双向助势平衡式制动器

6. 单向自增力式制动器

7. 双向自增力式制动器

8. 制动距离

9. 液力制动踏板的自由行程

10. 人力制动系

11. 动力制动系

12. 伺服制动系

13. 中央制动系

14. 轮边制动系

15. EPB

16. ESP

17. ASR 或 TRC

18. TCS

四、判断题

1. 制动力由车轮经车桥和悬架传给车架及车身,迫使汽车减速或停车。（　）
2. 每套制动装置都是由制动器和制动传动装置组成的。（　）
3. 简单非平衡式车轮制动器在汽车前进或后退时,制动力几乎相等。（　）
4. 单向平衡式车轮制动器在汽车前进和后退时,制动力大小相等。（　）
5. 双向平衡式车轮制动器在汽车前进和后退时,制动力大小相等。（　）
6. 自动增力式车轮制动器在汽车前进和后退时,制动力大小相等。（　）
7. 车辆在前进与后退制动时,如两制动蹄都是助势蹄,则该制动器是双向平衡式制动器。（　）
8. 盘式制动器制动效能比鼓式制动器好,是因为盘式制动器有自增力作用。（　）
9. 鼓式制动器有一个制动鼓用螺栓固定在车轮上,制动蹄安装在制动鼓的内部。（　）
10. 鼓式制动器的旋转元件是制动鼓,其工作表面为制动鼓的内圆柱面。（　）
11. 盘式制动器更多地用在车辆的前轮。（　）
12. 盘式制动器的旋转元件是制动盘,其工作表面是制动盘的两端面。（　）
13. 汽车制动器摩擦片与制动鼓间隙过小,会造成制动鼓过热。（　）
14. 驻车制动与行车制动共用一套操纵机构。（　）
15. 液压制动主缸出油阀损坏,会使制动不灵。（　）
16. 液压制动主缸的补偿孔和通气孔堵塞,会造成制动不灵。（　）
17. 液压制动最好没有自由行程。（　）
18. 一个双腔串联的制动主缸提供两套独立的压力系统,使制动系统更安全。（　）
19. 制动踏板自由行程过大,会造成制动不灵。（　）
20. 双腔制动主缸在后制动管路失效时,前制动管路也失效。（　）
21. 液压制动传动装置已广泛应用在轿车和重型汽车上。（　）
22. 单管路液压传动装置,若传动装置中一处漏油,会使部分制动系统失效。（　）
23. 双管路液压传动装置,若传动装置中一处漏油,会使部分制动系统失效。（　）
24. 采用双管路液压传动装置能提高汽车制动的可靠性和安全性。（　）
25. 上海桑塔纳轿车制动系统采用交叉式双管路液压传动装置。（　）
26. 交叉式传动装置主要用于对前轮制动力依赖性较大的发动机前置前轮驱动的汽车。（　）

27. 双腔制动主缸当前控制回路发生故障时，前活塞不产生液压，前轮制动失效。 ( )

28. 采用真空增压装置，汽油机上的真空力源是发动机的进气支管，而柴油机则是另加装一个真空泵或在进气支管中加装引射器作为真空力源。 ( )

29. 当驾驶员踩下制动踏板至某一位置时，车轮应保持一定的制动强度。 ( )

30. 最佳的制动状态是车轮完全被抱死而发生滑移时。 ( )

31. 当制动防抱死故障灯点亮时，防抱死装置停止工作。 ( )

32. ABS 系统车轮速度传感器、电控单元、液压调节装置如有损伤，则不可修复，应整体更换。 ( )

33. 鼓式制动器的旋转元件是制动鼓。 ( )

34. 制动器制动蹄与制动鼓之间间隙大小不影响制动器的制动性能。 ( )

35. 鼓式车轮制动器的摩擦工作面是旋转元件的外圆柱面。 ( )

36. 液压制动系中，当任一管路失效时，剩余制动力仍能保持 50%。 ( )

37. 驻车制动灯亮表明汽车处于驻车状态。 ( )

38. 制动踏板自由行程过小或制动蹄摩擦片与制动鼓的间隙过小能造成制动不灵。 ( )

39. 行车制动器的作用是使停驶的汽车保持不动。 ( )

40. ABS 系统组成部分的配件是 ABS 泵、轮速传感器、ABS 控制阀、转速传感器。 ( )

41. ABS 系统工作时车轮是完全抱死的。 ( )

42. ABS 系统在使用过程中出现故障，则汽车的制动系失灵。 ( )

五、简答题

1. 制动系统的功用是什么？它有哪几大系统？

2. 试述行车制动器制动过程。

3. 汽车制动液的性能要求是什么？

4. 液压式制动传动装置的特点有哪些？

5. 真空液压制动传动装置的作用有哪些？

6. 制动主缸的作用有哪些？

7. 制动轮缸的作用有哪些？

8. 驻车制动器的作用有哪些？

9. 简述盘式车轮制动器根据固定元件结构形式的分类。各有何特点？

10. 简述车轮制动器的局部调整过程。

11. 简述车轮制动器的全面调整过程。

12. 盘式制动器与鼓式制动器相比较有哪些特点？

13. 怎样排出液压制动系统中的空气？

14. 试述液压制动跑偏诊断与排除过程。

15. 简述制动拖滞故障的诊断与排出方法。

16. 简述制动防抱死制动系统的功用。

17. 简述制动防抱死系统的工作原理。

18. 简述制动防抱死系统的主要组成部分及作用。

19. 简述制动防抱死装置中液压调节系统(液压执行机构)的主要组成。各部分有何作用?

20. 简述 ABS 的初步检查方法。

汽车底盘构造与维修测评试题

测评一

一、填空题

1. 汽车底盘由________、________、________和________四大系统组成。

2. 载货汽车的传动系统主要由________、________、________和________等组成。

3. 行驶系统由________、________、________、________等组成。

4. 汽车转向系统由________、________和________基本部分组成。

5. 汽车制动系统一般包括________和________两套相互独立的制动系统，每套制动系统都包括________和________。

6. 汽车底盘的布置形式有________、________、________、________。

7. 汽车行驶过程中遇有________、________、________、________。

二、判断题

1. 驱动桥是行驶系统的一个重要组成部分。 (　　)

2. 转向灯不是转向系统的组成部分。 (　　)

3. 若驱动力大于各种阻力之和，汽车将加速行驶。 (　　)

4. 汽车行驶过程中，驱动力大于各种阻力之和，必须小于附着力。 (　　)

5. 汽车轮胎打滑是因为附着力太小。 (　　)

三、简答题

1. 简述汽车传动系统的功用与组成。

2. 简述汽车行驶系统的功用与组成。

3. 简述汽车转向系统的功用与组成。

4. 简述汽车行驶的驱动与附着条件。

5. 汽车底盘的总体布置形式有哪些？各有什么特点？

测评二

一、填空题

1. 目前,汽车上广泛采用________离合器。

2. 离合器主要由________、________、________、________四部分组成。

3. 离合器踏板自由行程会随着离合器的磨损而逐渐变________,应及时调整,否则将会引起________。

4. 轿车上广泛应用的是________式操纵机构和________式操纵机构。

5. 离合器常见的故障有________、________、________、________等。

二、判断题

1. 新换的摩擦片过厚,会造成离合器分离不彻底。 ( )

2. 离合器的全部工作过程中,都不允许从动盘有打滑现象。 ( )

3. 离合器液压操纵机构中如果有空气,就会造成离合器分离不彻底。 ( )

4. 离合器可以防止传动系统过载。 ( )

5. 离合器扭转减震器中的弹簧,在汽车正常行驶时不受力。 ( )

6. 汽车离合器的作用是降低转速,增大扭矩。 ( )

7. 汽车正常行驶时,离合器处于分离状态。 ( )

8. 膜片弹簧通常起着压紧弹簧作用,同时起着分离杠杆作用。 ( )

9. 离合器的从动盘通常和手动变速器输入轴相连。 ( )

10. 离合器踏板自由行程过大会造成分离不彻底的故障。 ( )

三、简答题

1. 简述离合器的功用。

2. 对离合器的要求有哪些?

3. 离合器自由间隙、踏板自由行程的含义是什么？简述两者的关系。

4. 简述离合器液压操纵机构的工作过程。

5. 离合器的常见故障有哪些？

测评三

一、填空题

1. 变速器按操纵方式可分为________、________、________三种。

2. 普通手动变速器是利用________来实现转矩和转速的改变的。

3. 当小齿轮为主动齿轮,带动大齿轮转动时,输出转速________,此时传动比________1;当大齿轮驱动小齿轮________时,输出转速________,此时传动比________1。

4. 目前,所采用的同步器几乎都是________,按锁止装置不同,可分为________同步器和________同步器。

5. 手动变速器操纵机构按照变速操纵杆位置的不同,可分为________和________两种类型。

6. 手动变速器操纵机构一般都具有换挡锁装置,包括________、________、________三种。

二、判断题

1. 小齿轮为主动齿轮,带动大齿轮转动时,输出转速降低,传动比小于1。 ( )

2. 手动变速器自锁装置失效,将导致变速器乱挡。 ( )

3. 二轴式手动变速器适用于发动机前置前轮驱动的布置形式。 ( )

4. 三轴式手动变速器的输入轴和输出轴同轴。 ( )

5. 空挡时,手动变速器的输入轴和输出轴都不转动。 ( )

三、简答题

1. 手动变速器的变速原理是什么?

2. 简述二轴式手动变速器的动力传递路线。

3. 简述手动变速器中同步器的作用、组成和类型。

4. 手动变速器操纵机构有哪些定位锁止装置？各有什么作用？

5. 手动变速器拆装的步骤是什么？

6. 简述手动变速器的常见故障现象和原因。

测评四

一、填空题

1. 自动变速器选挡杆置于________或________位时，汽车才能启动。

2. 液力变矩器工作过程中，主动轮为________，从动轮为________，用于换向的是________。

3. 锁止离合器可以将________和________直接连接起来，这样提高了液力变矩器的传动效率。

4. 单排行星齿轮机构主要由________、________、________和________等四个基本元件组成。

5. 自动变速器的离合器主要由________、________、________、________、________等组成。

二、判断题

1. 换挡杆在 1 位(也称 L 位)时，汽车被锁定在前进挡的 1 挡，只能在该挡位行驶而无法升入高挡，不存在发动机制动现象。 (　　)

2. 片式制动器将两个传动部件连接起来，传动动力。 (　　)

3. 连接行星齿轮三元件中的任意两个元件时，必为直接挡。 (　　)

4. 当行星齿轮三元件中的行星架为被动轮时，必为超速挡。 (　　)

5. 当按下 OD 开关时，自动变速器可以升至超速挡，且 OD OFF 指示灯亮。 (　　)

三、简答题

1. 液力变矩器的工作原理是什么？

2. 简述单排行星齿轮机构的运动规律。

3. 辛普森式行星齿轮变速机构各挡位动力传递路线是什么？

4. 辛普森式行星齿轮变速机构与拉威娜式行星齿轮机构有何不同？

5. 如何检修自动变速器油泵？

测评五

一、填空题

1. 万向传动装置主要由________、________和________组成。

2. 刚性万向节按其速度特性可以分为________、________和________。

3. 十字轴式刚性万向节允许相邻两轴的最大交角为________。

4. 等速万向节的常见结构形式有________、________和________。

5. 球笼式万向节工作时________个钢球都参与传力，故承载能力强、磨损小、寿命长。

二、判断题

1. 十字轴式刚性万向节属于等速万向节。 (　　)

2. 十字轴式刚性万向节主要用于发动机前置、后轮驱动的等速器与驱动桥之间。 (　　)

3. 十字轴上安全阀的作用是保护油封不致因油压过高而被破坏。 (　　)

4. 双十字轴式刚性万向节的传动能解决等速传动问题。 (　　)

5. 球笼式万向节是准等角速万向节。 (　　)

6. 三叉式等速万向节具有轴向伸缩功能。 (　　)

7. 传动轴一般都做成实心的。 (　　)

8. 汽车行驶中，传动轴的长度可以自动变化。 (　　)

9. 传动轴弯曲或传动轴管凹陷都会引起传动轴动不平衡。 (　　)

10. 传动轴两端的连接件接好后，只做静平衡试验，不用做动平衡试验。 (　　)

三、简答题

1. 万向传动装置有何功用？它主要应用于哪些地方？

2. 双十字万向节实现等角速传动的条件是什么？

3. 等速万向节的等速原理是什么？

4. 万向传动装置在装配时应注意哪些问题？

5. 简述万向传动装置常见的故障现象和原因。

测评六

一、填空题

1. 驱动桥主要由________、________、________和________等组成。

2. 主减速器在结构上可分为________和________两种。

3. 单级主减速器从动锥齿轮依经________、________、________、________传给驱动车轮。

4. 半轴的支承形式分为________和________两种。

5. 从动锥齿轮的调整包括从动锥齿轮________的调整和________的调整。

二、判断题

1. 整体式驱动桥常常与独立悬架配合使用。 ( )

2. 单级主减速器的圆锥滚子轴承装配时应使其具有一定的预紧度。 ( )

3. 汽车转弯行驶时,差速器中的行星齿轮只有自转,没有公转。 ( )

4. 锥齿轮差速器能使两侧驱动车轮差速,是因为半轴齿轮的自转。 ( )

5. 全浮式半轴支承的半轴只在两端承受转矩,不承受其他任何反力和弯矩。( )

三、简答题

1. 驱动桥由哪几部分组成?驱动桥的功用是什么?

2. 分析单、双级主减速器的结构特点。

3. 怎样调整主、从动锥齿轮的啮合印痕和啮合间隙?

4. 简述普通齿轮差速器的机构与工作原理。

5. 简述差速器装配与调整的方法。

测评七

一、填空题

1. 车架的基本结构形式有________、________、________和________。

2. 目前,汽车上多采用________式车架和________式车架。

3. 汽车的基体是________。

4. 按车轮的作用不同,车桥可分为________、________、________、________。

5. 转向桥由________、________、________和________等主要部分组成。

6. 越野汽车的前桥属于________。

7. 车轮定位主要包括________、________、________、________四个参数。

8. 前轮定位中,转向操纵轻便主要是靠调整________来实现的。

9. 车轮前束是为了调整________所带来的不良后果而设置的。

二、判断题

1. 车架的形状要尽可能地降低汽车的重心和获得较小的前轮转向角。 (　　)

2. 有些轿车没有车架。 (　　)

3. 整体式车桥的中部是刚性实心或空心梁,与独立悬架配用。 (　　)

4. 越野汽车和前轮驱动汽车的前桥,除起承载和转向的作用外,还兼起驱动作用。 (　　)

5. 主销后倾角一般是将前轴连同悬架安装在车架上时使前轴向后倾斜而形成的,一般不可调。 (　　)

三、简答题

1. 分别说明车架与车桥的功用。

2. 车架主要包括哪些类型?各有什么结构特点?

3. 车桥主要有哪些类型？它们的特点是什么？

4. 车轮定位的主要参数有哪些？各起什么作用？

测评八

一、填空题

1. 车轮由________、________及________组成。

2. 按轮辐的结构形式，车轮可分为________和________两种。

3. 轿车及轻型越野车，适宜安装________轮辋。

4. 轮胎根据充气压力可分为________、________和________三种；根据有无内胎可分为________和________；根据轮胎帘布层帘线的排列方式可分为________和________。

5. 现代轿车普遍采用________、________轮胎。

6. 外胎由________、________和________三部分组成。

7. 外胎结构中，起承受负荷作用的是________。

8. 子午线轮胎宜用________换位法进行换位。

二、判断题

1. 对开式轮辋主要用于载重量较大的重型货车和大型客车。 (　　)

2. 现在汽车一般均采用高压胎。 (　　)

3. 越野汽车轮胎的气压比一般汽车的高。 (　　)

4. 无内胎轮胎一旦被刺破，穿孔不会扩大，漏气较慢，仍能继续行驶一定距离，可消除爆胎的危险。 (　　)

5. 子午线轮胎的旋转方向应始终不变。若反向旋转，会因钢丝帘线反向变形产生振动，汽车平顺性变差。 (　　)

6. 扁平比指轮胎宽度与高度的比。 (　　)

7. 型号为 195/60R14 的轮胎属于子午线轮胎。 (　　)

三、简答题

1. 车轮与轮胎的功用分别是什么？

2. 车轮不平衡有哪些危害和原因？如何检查与调整？

3. 车轮的拆装步骤是什么?

4. 轮胎的规格如何表示?

测评九

一、填空题

1. 按导向机构的不同，悬架可以分为________和________。

2. 汽车悬架一般由________、________和________三部分组成。

3. 汽车上常用的弹性元件有________、________、________、________、________等。

4. 减震器在汽车中的作用是____。

5. 横向稳定器的作用是____。

6. 非独立悬架可以分为________、________和________。

7. 独立悬架按车轮的运动方式分为三类：________、________、________。

8. 电控悬架按悬架系统结构形式，可分为________和________。

9. 电控悬架系统由________、________、________等组成。

10. 电控悬架根据控制系统是否有源或无源，可分为________和________。

二、判断题

1. 非独立悬架只能用在后桥不能用在前桥。（　　）

2. 钢板弹簧一般是用在非独立悬架汽车的弹性元件。（　　）

3. 减震器在压缩与伸张行程过程中的阻尼力是相等的。（　　）

4. 独立悬架的车桥为断开式车桥。（　　）

5. 半主动悬架是对悬架的刚度和阻尼系数都能进行调节控制的悬架。（　　）

三、简答题

1. 非独立悬架与独立悬架的区别有哪些？

2. 弹性元件有哪些种类？它们各自的特点是什么？

3. 简述减震器的结构及工作原理。

4. 电控悬架系统的作用是什么？简述电控悬架系统的工作原理。

测评十

一、填空题

1. 转向系统按转向能源的不同分为________和________两大类。

2. 汽车机械转向系统由________、________和________三大部分组成。

3. 普通轻型汽车和主要行驶于城市的汽车多采用________转向器。

4. 齿轮齿条式转向器主要由________、________、________等组成。

5. 安全式转向柱有________和________转向操纵机构。

6. 检查循环球式转向器的齿扇和钢球螺母的啮合间隙时,使齿扇处于________位置。

7. 在汽车循环球式转向器的转向螺杆和转向螺母之间装有钢球的作用是____。

8. 有些汽车前轮采用独立悬架,所以转向梯形中的横拉杆应做成________式。

9. 转向盘自由行程一般不超过________。

10. 非独立悬架的转向传动机构中,主要通过________和________来保证左右轮同步转向。

二、判断题

1. 汽车转向时,左右车轮偏转的角度是不相等的。 (　　)

2. 转向柱做成可断开的或可伸缩的,主要是为了减小在事故中对驾驶员的危害。 (　　)

3. 循环球转向器的传动比一般大于齿轮齿条式转向器的。 (　　)

4. 转向盘必须空转过一个角度后,车轮才能转动。 (　　)

5. 调整转向器传动副的啮合间隙,可以调整转向盘自由行程。 (　　)

二、简答题

1. 简述机械转向系统的工作过程。

2. 转向器的功用是什么?

3. 简述循环球式转向器的工作原理。

4. 什么是转向盘的自由行程？它的范围一般有多大？如何调整？

5. 机械转向系统常见的故障现象有哪些？

测评十一

一、填空题

1. 动力转向系统按传递动力介质的不同分为________、________、________三种。

2. 液压动力转向系统按液流形式可以分为________、________两种。

3. 液压动力转向系统的转向助力装置主要包括________、________、________、________等。

4. 电控动力转向系统可根据________、________等对转向助力实施控制,使动力转向系统在不同的行驶条件下都有最佳的________。

5. 电控动力转向系统根据其动力源不同,分为________和________。

6. 液压式 EPS 根据控制方式不同分为两类:________、________。

7. 电动式 EPS 通常由________、________、________、________、________、________组成。

二、判断题

1. 液压动力转向系统是在机械转向系统的基础上加设一套转向助力装置而形成的。 (　　)

2. 电控动力转向系统在车速较高时则适当增加放大倍率,适当加大转向力,以稳定转向手感,提高高速行驶的操纵稳定性。 (　　)

3. 电动式 EPS 是在机械转向器结构的基础上,增加电动式助力机构。 (　　)

4. 常流式动力转向器中的反作用柱塞是用来使驾驶员对道路有“路感”作用。 (　　)

5. 转向助力电动机就是一般的永磁电动机,电动机的输出转矩控制是通过控制其输入电压来实现的。 (　　)

三、简答题

1. 简述液压动力转向系统的工作原理。

2. 简述液压动力转向系统主要元件的结构与功用。

3. 简述液压动力转向系统的常见故障现象及其原因。

4. 简述电动式 EPS 的组成及工作原理。

5. 电控动力转向系统的检修作业内容有哪些？

测评十二

一、填空题

1. 根据摩擦副中旋转元件结构形式的不同,车轮制动器可分为________和________两种。

2. 简单的鼓式车轮制动器由________、________、________、________组成。

3. 按传力介质的不同,制动传动装置可分为________和________。

4. 气压式制动传动装置主要由________和________两部分组成。

5. 气压式制动传动装置中,________的作用是使储气筒保持在规定的气压范围内,并在超过规定气压后,实现空气压缩机的卸荷空转,以减小发动机的功率消耗。

6. 真空助力装置可分为________和________两种。

7. 汽车在制动过程中,附着系数________。

8. 使已停驶的汽车在原地不动的制动装置称为________。

9. 驻车制动器按其安装位置可分为________和________两种。

10. 中央制动器的旋转元件固装在________上。

二、判断题

1. 制动时,不旋转的制动蹄对旋转着的制动鼓作用一个摩擦力矩,其方向与车轮旋转方向相反,所以车辆能减速直到停止。 ( )

2. 简单非平衡式制动器的优点是在左右蹄片单位压力相等,缺点是制动效能低。 ( )

3. 盘式制动器制动时无助势作用,故要求管路液压较高。 ( )

4. 浮钳盘式制动器的制动钳可以相对于制动盘轴向移动。 ( )

5. 串联双控制动主缸,当前腔或后腔泄露时,汽车就不能制动了。 ( )

三、简答题

1. 简述制动系统的基本组成与工作原理。

2. 简述盘式制动器和鼓式制动器的工作原理及各自特点。

3. 气压式制动传动装置的工作原理是什么？

4. 串联式双腔制动主缸的工作原理是什么？

5. 分析液压制动系统的常见故障现象及其原因。

测评十三

一、填空题

1. 滑移率是指车轮在制动过程________所占的比例。

2. 当滑移率为100%时,横向附着系数降为________。

3. 当轮速传感器损坏时,ABS 警告灯为________色。

4. 常用的轮速传感器主要有________和________两种。

5. 为保证传感器无错误信号输出,安装轮速传感器时应保证其传感头与齿圈间留有一定的空气隙,约为________。

6. 汽车车后轮上的轮速传感器一般固定在后车车轴支架上,转子安装于________。

7. 根据制动压力调节器调压方式的不同可分为________和________两种。

8. 制动压力调节器常用的电磁阀有________和________。

9. 三位三通电磁阀式制动压力调节器是在制动总缸与轮缸之间________个电磁阀,直接控制轮缸的制动压力。

10. ECU 内部电路通常包括________、________、________和________。

二、判断题

1. 汽车制动时产生侧滑及失去转向能力与车轮和地面间的横向附着力无关。 ( )

2. 车轮抱死时将导致制动时汽车稳定性变差。 ( )

3. ABS 主要由传感器、ECU 和执行机构组成。 ( )

4. 制动压力调节器的功用是接收 ECU 的指令,通过电磁阀的动作来实现车轮制动器制动压力的自动调节。 ( )

5. 在可变容积式压力调节器中,常规制动时,电磁线线圈无电流通过。 ( )

三、简答题

1. 简述 ABS 的基本结构与工作原理。

2. 如何检测轮速传感器?

3. 分析二位二通电磁阀式制动压力调节器的工作过程。

4. 如何检测制动压力调节器？

5. ABS 故障诊断的一般程序是什么？

汽车底盘构造与维修模拟试题

模拟试题一

一、填空题(将答案填在题中横线上,每空1分,共20分)

1. 根据分离时分离受力方向的不同,膜片弹簧离合器可分为________离合器和________离合器两种。

2. 汽车行驶的驱动条件是汽车的驱动力应________或________行驶阻力之和。

3. 液力机械式自动变速器由________、________、________和________等四大部分组成。

4. 手动变速器的同步器有________、________和________等三种类型。目前,在轿车和货车上多采用________同步器。

5. 目前,常见的制动力调节装置有________、________、________和________等。

6. 汽车防抱死系统一般由________、________、电磁阀、________和________等组成。

二、判断题(请判断下列各题的对错,若对则在题末括号中打"√",若错则打"×",每小题1分,共20分)

1. 自动变速器都是自动无级变速的。 ( )

2. 自动变速器油尺上刻有分别针对冷态、温态和热态的油液满量程高度标记。 ( )

3. 循环球式转向器有两对传动啮合副。 ( )

4. 单个普通十字轴式刚性万向节传动中,在主动轴转动一周范围内,从动轴的角速度始终小于主动轴。 ( )

5. 为了使转向轻便,转向后车轮能自动回正,车轮前束越大越好。 ( )

6. 后轮定位的内容和前轮一样有车轮后倾、内倾、外倾和前束。 ( )

7. 离合器踏板自由行程过大会造成分离不彻底的故障。 ( )

8. 主减速器的主、从动圆锥齿轮严重磨损,一般应成对更换。 ( )

9. 在离合器的全部工作过程中,都不允许从动盘有打滑现象。 ( )

10. 驱动力必须大于行驶阻力而且小于附着力,汽车才能在道路上正常行驶。 ( )

11. 传动轴修理后,应进行动平衡试验。 ( )

12. 轮胎表面上标注的层级不是实际的帘布层数。 ( )

13. 随着从动盘磨损的增大,离合器踏板自由行程也会跟着变大。 ( )

14. 简单非平衡式车轮制动器在汽车前进和倒车时的制动效果一样。 ( )

15. 对于相同的踏板力,双向助力式制动器比领从蹄式制动器产生更大的制动力。 （ ）

16. 双片离合器有两个压盘、两个从动盘和两个摩擦面。 （ ）

17. 汽车行驶时,在车轮与地面接触处,旋转的车轮对地面产生一个切向作用力,这就是驱动力。 （ ）

18. 任何类型的转向器上都设有转向传动啮合副的啮合间隙调整装置。 （ ）

19. 汽车行驶中,停车检查减震器时,若减震器发热,则说明减震器失效。 （ ）

20. 安装转向柱和转向盘,车轮应处于直线行驶位置。 （ ）

三、选择题(在每小题给出的选项中,只有一项是正确的,将该项前面的字母填在题中的括号中,每小题2分,共40分)

1. 循环球式汽车转向器一般由________套传动副组成。 （ ）

A. 1　B. 2　C. 3　D. 4

2. 所有液力机械变速器液压系统中都存在三种基本控制油压,即主油路油压、节气门油压和________。 （ ）

A. 速度阀油压　B. 手动阀油压

C. 换挡阀油压　D. 缓冲控制阀油压

3. 液力机械变速器基本维护项目不包括________。 （ ）

A. 变速器油面和油质检查　B. 换挡手柄检调

C. 脉冲电磁阀检查　D. 发动机怠速检调

4. ________是连接汽车左、右梯形臂的杆件,它与左、右梯形臂及前轴构成转向梯形机构。 （ ）

A. 转向摇臂　B. 转向直拉杆

C. 转向横拉杆　D. 转向盘

5. 为抵消由于车轮外倾引起的"锥滚效应",使车轮在每一瞬时的滚动方向都接近于正前方,从而在很大程度上减轻和消除了由前轮外倾产生的不良后果的车轮定位是________。 （ ）

A. 主销后倾　B. 主销内倾

C. 前轮外倾　D. 前轮前束

6. ________会造成汽车离合器压盘及飞轮表面烧蚀。 （ ）

A. 严重打滑　B. 分离不彻底

C. 动平衡破坏　D. 踏板自由行程过大

7. 前进和倒车时制动效能相同的制动器有________。 （ ）

A. 双领蹄式制动器　B. 领从蹄式制动器

C. 单向自增力式制动器　D. 双从蹄式制动器

8. 汽车变速器的操纵机构有________种锁止装置。 （ ）

A. 一　B. 二　C. 三　D. 四

9. 汽车变速器________的主要作用是改变转矩、转速和旋转方向。 （ ）

A. 变速操纵机构　B. 变速传动机构

C. 安全装置　　　　　　　　　　　D. 齿轮

10. 液力减震器的工作原理是利用液体流动的阻力来________。（　　）

A. 消耗振动的能量　　　　　　　B. 平衡振动力

C. 增大振动的能量　　　　　　　D. 增加振动

11. 国产汽车编号规则中,第二、三位数字,表示________代号。（　　）

A. 汽车类别　　B. 车辆参数　　C. 产品序号　　D. 企业自编

12. 变速器的________的作用是固定换挡叉轴,避免叉轴自行移动而脱挡(又称跳挡)。（　　）

A. 互锁装置　　B. 传动装置　　C. 倒挡锁装置　　D. 自锁装置

13. 筒式减震器的工作过程可分为压缩和________两个行程。（　　）

A. 进油　　B. 伸张　　C. 回油　　D. 制动

14. 汽车悬架是________与车桥之间的弹性传力装置。（　　）

A. 车架　　B. 车轮　　C. 减震器　　D. 车厢

15. 左右车轮制动蹄回位弹簧拉力相差太大,会导致制动系________。（　　）

A. 制动失效　　B. 制动失灵　　C. 制动跑偏　　D. 制动发响

16. 汽车转向系按________的不同,可分为机械转向系和动力转向系两类。（　　）

A. 使用能源　　B. 结构　　C. 作用　　D. 结构与作用

17. 汽车转向系中各连接件和传动副之间存在着一定间隙,这使转向盘在转向轮发生偏转前能转过一定角度,这段角行程称为________。（　　）

A. 转向盘自由行程　　　　　　B. 转向盘行程

C. 自由行程　　　　　　　　　D. 有效行程

18. 汽车制动系________的作用是将由踏板输入的机械推力转换成液压力。（　　）

A. 制动主缸　　B. 推杆　　C. 后活塞　　D. 制动轮缸

19. 通过改变________的长度可以调整汽车前轮前束的大小。（　　）

A. 横拉杆　　B. 直拉杆　　C. 前轴　　D. 后轴

20. 汽车驻车制动器又称________。（　　）

A. 行车制动器　　　　　　　　B. 手制动器

C. 脚制动器　　　　　　　　　D. 以上答案都不对

四、简答题(每题 5 分,共 10 分)

1. 什么是主销后倾角？作用是什么？

2. 什么是空气阻力？

五、问答题(10 分)

主减速器圆锥滚子轴承预紧度为什么需要调整？预紧力过大、过小有什么危害？

模拟试题二

一、填空题(每空 2 分,共 30 分)

1. 汽车底盘包括传动系、________、________、制动系四大部分。

2. 变速器的作用是变速转矩、变向和________。

3. 悬架的主要零部件有________、________和导向机构。

4. 液力变扭器主要由泵轮、涡轮和________三个元件组成。

5. 万向节按其在扭转方向上是否有明显的弹性可分为刚性万向节和________。

6. 驱动桥由________、________、半轴和桥壳等组成。

7. 轮式行驶系一般由车架、车桥、车轮和________等四部分组成。

8. 前轮前束的作用是消除因前轮外倾使汽车行驶时向外张开的趋势,减小轮胎磨损和________。

9. 能使转向轮偏转以实现汽车转向的一整套机构称为________。

10. 汽车的前轮定位参数包括________、________、________前轮前束。

二、选择题(每题 2 分,共 20 分)

1. 一般情况下,________采用发动机后置后桥驱动的传动系。 (　　)

A. 载货汽车　　B. 轿车　　C. 大型客车　　D. 越野汽车

2. 变速器互锁装置的作用是防止________。 (　　)

A. 自动挂挡　　B. 自动脱挡　　C. 同时挂入两个挡　　D. 误挂倒挡

3. 下列万向节,允许两轴交角最大的是________。 (　　)

A. 双联式　　B. 三销轴式　　C. 球叉式　　D. 球笼式

4. 差速器的差速作用是由于________。 (　　)

A. 差速器壳体的转动　　B. 行星齿轮的公转

C. 行星齿轮的自转　　D. 其他

5. 目前,发动机排量 2 L 以下的中低挡轿车中有________采用了发动机前置和前轮驱动的布置形式。 (　　)

A. 75%以上　　B. 80%以上　　C. 85%以上　　D. 90%以上

6. 鼓式车轮制动器中的旋转部分是________。 (　　)

A. 制动鼓　　B. 制动蹄　　C. 制动底板　　D. 制动轮缸

7. 汽车前进行驶,向左转弯时,两转向前轮偏转角度的关系是________。 (　　)

A. 左轮大于右轮　　B. 左轮小于右轮

C. 左轮等于右轮　　D. 无法确定

8. 气压制动系统,踩下制动踏板,制动控制阀有漏气声,则关闭不严的是________。 (　　)

A. 进气阀　　B. 排气阀　　C. 两阀均有　　D. 两阀均无

9. 制动器踏板自由行程过大会导致________。 (　　)

A. 制动失效　　B. 制动不良　　C. 制动跑偏　　D. 制动拖滞

10. 要想制动效果最佳,则滑移率应控制在________。（　）

A. 5%~10%　B. 10%~15%　C. 10%~20%　D. 15%~25%

三、判断题(每题 1 分,共 10 分)

1. 离合器要保证发动机与传动系分离迅速、彻底。（　）

2. 实际上变速器齿轮传动的传动比都不是整数,目的是使齿轮减缓磨损。（　）

3. 液力机械自动变速器使汽车起步更加平稳,能吸收和衰减振动与冲击,从而提高乘坐的舒适性。（　）

4. 万向传动装置的作用是在轴线相交且相对位置经常变化的转轴之间传递动力。（　）

5. 当一驱动车轮在良好路面上不转动,而另一驱动车轮在不好路面上打滑空转时,则空转一侧驱动轮的转速会大于差速器壳转速的 2 倍。（　）

6. 修理车架时,原设计用铆钉连接的部位不得用螺栓代替。（　）

7. 双胎并装时,为了充气方便,两轮胎的气门嘴应放在同一位置。（　）

8. 一般助势蹄的制动力矩为减势蹄的 20~25 倍。（　）

9. 转弯半径越小,汽车转向机动性越高。（　）

10. 制动气室的气压即贮气筒的气压。（　）

四、名词解释(每小题 5 分,共 20 分)

1. 独立悬架

2. 液力变矩器的变矩系数

3. 前轮前束

4. 制动跑偏

五、综合分析题(每题 10 分,共 20 分)

1. 发动机排气管为什么会冒黑烟?

2. 离合器打滑的原因是什么?

模拟试题三

一、判断题(20 分,每小题 2 分)

1. 筒式减震器压缩行程时的阻尼大于拉伸时的阻尼。 ( )
2. 自动变速箱中单向离合器的作用是固定元件。 ( )
3. 分离杠杆内端高低不一致将导致离合器分离不彻底,并且汽车在起步时车身发生颤抖现象。 ( )
4. 液压制动系统内有空气,会造成制动踏板发软。 ( )
5. 托森差速器主要用于轴间差速,也可用于后轮间差速。 ( )
6. 液力变矩器中导轮的作用是改变液流方向,从而改变扭矩输出方向。 ( )
7. 车轮直径尺寸相同,安装尺寸相同,就可以装用在同一车辆上。 ( )
8. 采用动力转向系的汽车,当转向加力装置失效时,汽车也就无法转向了。 ( )
9. 自动变速箱中 N 挡是停车挡,当车辆停稳后要把变速杆置于该位置。 ( )
10. 锁环式同步器和锁销式同步器都有锁止角,在齿轮同步前防止挂挡。 ( )

二、单项选择题(20 分,每小题 2 分)

1. 变速器互锁装置的作用是________。 ( )
   A. 防止变速器自动换挡或自动脱挡　B. 防止同时换入两个挡
   C. 防止误换倒挡　D. 减小零件磨损和换挡噪声
2. 用来调整非独立悬架式转向桥前束的是________。 ( )
   A. 转向节臂　B. 横拉杆　C. 左调整套　D. 右调整套
3. 十字轴式万向节当主动轴转一周时,从动轴转________。 ( )
   A. 一周　B. 小于一周　C. 大于一周　D. 不确定
4. 手动变速器中,锁环式同步器的锁环锁止角磨损,会导致________。 ( )
   A. 变速器挂挡困难　B. 变速器自行脱挡
   C. 变速器异响　D. 变速器乱挡
5. 离合器自由间隙是为了________。 ( )
   A. 保证踏板间隙　B. 减轻从动盘磨损
   C. 防止热膨胀　D. 保证摩擦片正常磨损后不失效
6. 前轮定位中转向操纵轻便主要是靠________。 ( )
   A. 前轮前束　B. 主销内倾　C. 主销后倾　D. 前轮外倾
7. 汽车轮胎的外胎结构中,起承受负荷作用的是________。 ( )
   A. 胎面　B. 胎圈　C. 缓冲层　D. 帘布层
8. 单向双领蹄式车轮制动器在________时,两制动蹄均为领蹄。 ( )
   A. 前进制动　B. 倒车制动　C. 前进和倒车制动　D. 停车制动
9. 常压式助力转向器在转向时,阀处于________状态。 ( )
   A. 开一半　B. 关闭　C. 打开　D. 开三分之一
10. 在两相交轴间既可以等速传递动力,又可以补偿轴向变形量的万向节是

________。 (   )

A. 十字轴式万向节　　B. 球叉式万向节

C. VL 万向节　　D. RF 万向节

三、填空题(每空 2 分,共 30 分)

1. 离合器的组成包括主动部分、________部分、________分离机构和操纵机构。其中,膜片弹簧为________机构。

2. 驱动桥由________、________、半轴和________组成。

3. 变速器按传动比分为________式、________式和综合式。

4. 球笼式万向节主要包括________、外滚道、________和________。

5. 盘式制动器分为固定钳式制动器和________制动器。

6. 悬架元件主要包括弹性元件、________、________和________。

四、识图题(共 10 分)

指出方框中 1~10 序号零件的名称。

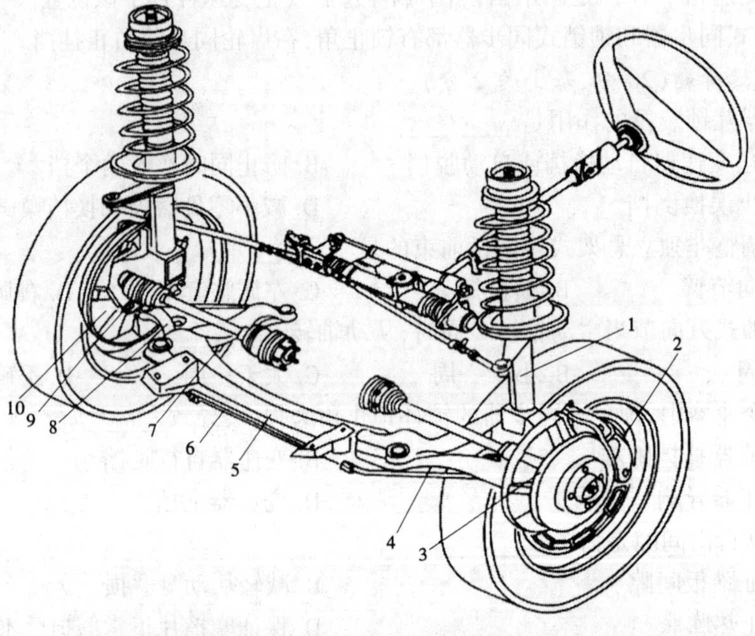

上海桑塔纳轿车的前桥总成(主减速器和差速器未画出)

1. ________ 2. ________ 3. ________ 4. ________ 5. ________

6. ________ 7. ________ 8. ________ 9. ________ 10. ________

五、简答题(每题 5 分,共 20 分)

1. 说明轮胎规格 P215/60R16 95H 中数字、字母的含义。

2. 简述差速器的速度特性。

3. 简述机械转向系的基本组成,解释转向盘自由行程和常见自由行程范围。

4. 试比较独立悬架与非独立悬架的特点。

参考答案

项目一　离合器

一、填空题

1. 飞轮、变速器
2. 飞轮、变速器输入轴、暂时分离、结合、切断、传递
3. 摩擦式离合器、液力变矩器离合器、电磁式离合器
4. 杠杆式、绳索式
5. 人力式、助力式
6. 机械式、液压式
7. 吊挂式、寿命较短、拉伸刚度、轻型、微型、轿车、桑塔纳、捷达轿车
8. 简单、工作可靠、EQ1090E、杆件间铰接较多、摩擦损失大
9. 主缸、工作缸、管路
10. 弹性元件、摩擦阻尼元件
11. 膜片弹簧、分离杠杆、螺旋弹簧
12. 主动部分、从动部分、压紧机构、操纵机构
13. 单片、双片、多片式
14. 扭转减震器
15. 螺旋弹簧、膜片弹簧
16. 从动盘体、摩擦衬片
17. 磨损、烧蚀、表面龟裂、油污、铆钉外露或松动
18. 2.5 mm、0.4 mm
19. 0.50 mm
20. 分离轴承、自由行程
21. 离合器打滑、分离不彻底、离合器的膜片弹簧分离、抖动
22. 开始升高、右移、分离轴承、分离
23. 挂挡困难、分离不清、起步发抖

二、选择题

1~5BCCAA	6~10CDABB	11~15DAAAB	16~20CBDCD
21~25CADDC	26~30BDACD	31~35ADDAC	36~40AABBB
41~43CBB	44~49DDBDAC		

三、名词解释

1. 离合器踏板的自由行程

指离合器分离杠杆的内端与分离轴承之间的间隙以及传动部件之间的间隙在离合器踏板上的反映。

2. 离合器踏板的工作行程

消除踏板的自由行程之后,继续踩下离合器踏板,直到离合器踏板踩到底,这一段行程就是离合器踏板的工作行程。

3. 离合器踏板的总行程

指离合器踏板处于自由状态时与踏板踩到底时的距离。

四、判断题

1~5√√√√√	6~10√√√√√	11~15×××√√
16~20√√×√×	21~22√×	

五、简答题

略

项目二　手动变速器

一、填空题

1. 离合器、半轴、离合器、传动轴、之后、之前
2. 有级变速器、无级变速器、综合式变速器、手动挡、自动挡、手自一体变速器
3. GL-1、GL-2、GL-3、GL-4、GL-5、GL-6、GL-4、GL-5
4. 变速传动机构、变速操纵机构、同步器
5. 二轴式、三轴式
6. 锁环式、锁销式
7. 接合套、花键毂、锁环、滑块、压簧
8. 接合套、锁销、定位销、摩擦锥环、摩擦锥盘
9. 远距离、直接操纵式
10. 相反
11. 直接、传动率
12. 有负荷、无负荷

二、选择题

1~5BABDC	6~10CACAA	11~15AACCB
16~20BACAC	21~25DDCAC	26~28DAA

三、名词解释

1. 传动比

主动齿轮的转速与从动齿轮的转速之比值称传动比。

2. 综合式变速器

指由液力变矩器和齿轮式有级变速器组成的,其传动比是在几个区段内无级变化,为部分无级式。

3. 无级变速器

无级变速器的传动比在一定范围内是无限多级地连续变化的。

4. 有级变速器

用齿轮传动,具有若干个数值一定的传动比,构成不同的挡位。

5. 二轴式变速器

具有输入轴和输出轴的变速器成为二轴式变速器。

6. 三轴式变速器

具有输入轴和输出轴的,同时有中间轴的变速器。

7. 手动挡变速器

驾驶员直接操纵变速杆进行换挡的变速器。

8. 自动挡变速器

前进挡位的选择是自动进行的,无须驾驶员频繁操作,驾驶员只需操纵加速踏板以控制车速的变速器。

9. 手自一体变速器

此种变速器根本上还是自动变速器,只不过在换挡的选择上可以选择自动换挡或者手动操纵按钮、拨叉或推杆给变速器控制单元一个信号,最终的换挡还是通过控制单元来实现控制的。

四、判断题

1~5√√×××　　6~10√√×√√　　11~15√√√√√

16~20 √√√××　　21~25×√√√√　　26 √

五、简答题

略

项目三　传动器及驱动桥

一、填空题

1. 发动机扭矩、动力流向、差速

2. 15°~20°

3. 驱动桥、发动机

4. 万向节、中间支撑

5. 6

6. 刚性万向节、柔性万向节

7. 不等速、准等速、等速

8. 发动机前置后驱、发动机前置前驱

9. 十字轴、传动轴叉、轴承、卡环

10. 变速器、驱动桥、实心轴、空心轴、实心轴

11. 星形套、球形壳、保持架

12. 固定型、伸缩型

13. 主减速器、差速器、半轴、驱动桥壳

14. 变速驱动桥

15. 全浮式、半浮式

16. 整体式、断开式

17. 传动轴轴向、角度方向、发动机传动、车架变形

18. 行星齿轮、行星轮架(差速器壳)、半轴齿轮

19. 圆柱齿轮式、圆锥齿轮式

20. 单速式、双速式
21. 主传动器、传动轴,转速增加,输出扭矩,旋转方向,左右、前后
22. 主减速器、差速器、半轴、轴承

二、选择题

1~5AAAAB　6~10CDAAD　11~15DACBC　16~20DABCC
21~25BDAAB　26~30ADCBC　31~35CCBAC　36~39ACAA

三、判断题

1~5√√√×√　6~10√√√√√　11~15××√××
16~20×√×√√　21~23√√√

四、名词解释

1. RF节
等速万向节。
2. VL节
伸缩型球笼式等速万向节。
3. 整体式驱动桥
左右驱动车轮通过驱动桥刚性连接,采用非独立悬架的车桥。
4. 断开式驱动桥
左右驱动车轮和车身之间通过铰接连接,采用独立悬架的车桥。
5. 单速式主减速器
变速器的传动比固定。
6. 双速式主减速器
变速器具有两个传动比供选择,俗称半挡。
7. 轮间差速器
安装于驱动桥内,主要特点是驱动桥靠近车轮。
8. 轴间差速器
安装于驱动桥内,主要特点是驱动桥位于两车轮中间。
9. 全浮式半轴
半轴的两端均不承受任何弯矩,只承受转矩。
10. 半悬浮式半轴
半轴支撑形式不仅承受转矩,外端还承受全部弯矩。

五、简答题

略

项目四　行驶系

一、填空题

1. 轮式、履带式、车轮履带车
2. 车架、车桥、车轮、悬架
3. 轮辐、轮辋、轮毂
4. 辐条式、辐板式

5. 钢丝辐条式、铸造辐条式
6. 深槽轮辋、平底轮辋、对开式
7. 胎面、胎圈、胎体
8. 轮毂
9. 同向
10. 循环换位
11. 高压胎、低压胎、超低压胎
12. 有内胎轮胎、无内胎轮胎
13. 斜交轮胎、子午线轮胎
14. 普通花纹轮胎、组合花纹轮胎、越野花纹轮胎
15. 人造丝、棉线、尼龙、钢丝
16. 转向桥、驱动桥、转向驱动桥、支持桥
17. 整体式车桥、断开式车桥
18. 前轴、转向节,主销、轮毂
19. 主销后倾、主销内倾、车轮外倾、前轮前束
20. 转向驱动、全轮驱动、主减速器、差速器、半轴、转向节、主销、轮毂
21. 车架、车桥
22. 弹性元件、减震器、导向机构、横向稳定器
23. 钢板弹簧、螺旋弹簧、扭杆弹簧、气体弹簧、油气弹簧
24. 越大、越大
25. 双向作用筒式减震器、伸张行程、压缩行程
26. 非独立悬架、独立悬架
27. 钢板弹簧、螺旋弹簧
28. 横臂式、纵臂式、烛式、麦弗逊式
29. 钢板式、螺旋弹簧、烛式、麦弗逊式
30. 钢板式非独立悬架、螺旋弹簧式非独立悬架

二、选择题

1~5ABACB	6~10BBAAC	11~15CDABC	16~20AABCD
21~25ACBBB	26~30CAABC	31~35CADBA	

三、名词解释

1. 转向驱动桥

能实现车轮转向和驱动两种功能的车桥。

2. 普通斜交轮胎

帘线按一定角度交叉排列,连线与轮胎横断面的夹角通常为 50°。

3. 子午线轮胎

布层帘线排列的方向与轮胎横断面一致。

4. 转向轮定位

转向车轮、转向节和前轴三者与车架的安装保持一定的相对位置,这种具有一定位置

的安装称为转向轮定位。

5. 主销后倾

主销安装在前轴上,其上端略向后倾斜,这种现象为主销后倾。

6. 主销内倾

主销安装在前轴上,其上端略向内侧倾斜,这种现象称为主销内倾。

7. 前轮外倾

转向轮安装在转向节上时,其旋转平面上端向外倾斜,这种现象称为车轮外倾。

8. 前轮前束

车轮安装在车桥上,两个车轮的中心平面不平行,其前端略向内侧收束,这种现象称为前轮前束。

9. D×B 轮胎

高压轮胎的表示方法,其中 D 代表轮胎名义直径,×代表高压胎,B 代表轮胎的断面宽。

10. B-d 轮胎

低压胎的表示方法,其中 B 代表轮胎断面宽,-代表低压胎,d 代表轮辋直径。

11. 独立悬架

车桥做成断开的,每一侧车轮单独通过悬架与车架或车身连接。

12. 非独立悬架

左右车轮安装在一根整体式车桥两端,车桥侧通过悬架与车架相连接。

四、判断题

1~5√√√√×　　6~10×√√√×　　11~15√√×√×

16~20√√√××　　21~25√√√√×　　26~30×√√√×

31~35√××√√　　36~40××√√×

五、简答题

略

项目五　转向系

一、填空题

1. 机械转向系、动力转向系
2. 转向盘、轴向轴、转向柱管
3. 转向操纵机构、转向器、转向传动机构
4. 轮圈、轮辐、轮毂
5. 齿轮轮齿条式、循环球式、蜗杆曲柄销式、蜗杆滚轮式
6. 螺杆螺母、齿条齿扇
7. 转向摇臂、转向直拉杆、转向横拉杆、转向减震器
8. 三角、摇臂轴、球头销、转向直拉杆
9. 转向直拉杆、转向摇臂、转向节臂
10. 横拉杆体、拉杆球头、长度可调、前轮前束
11. 转向减震器

12. 机械转向器、转向控制阀、转向动力缸
13. 发动机、电力驱动

二、选择题

1~5 AACCB　　6~10BBBBC　　11~15CBACA
16~20CBAAB　　21~22BA

三、判断题

1~5√√×√√　　6~10√√√√√　　11~15 √√√√√
16~20××√√×　　21√

四、名词解释

1. HPS
机械液压助力转向系。
2. EHPS
电子液压助力转向系。
3. EPS
电动助力转向系。
4. 转弯半径
指从转向中心到外侧转向轮中心的距离。
5. 整体式助力转向器
机械转向器和转向动力缸设计成一体,并与转向控制阀组装在一起。
6. 半整体式助力转向器
将转向控制阀同机械转向器组合成一个部分,而动力缸则作为独立件。
7. 转向加力器(组合式助力转向器)
机械转向器作为独立件,而控制阀和动力缸组合成一个部件。
8. 随速可变助力转向系
转向助力的大小可随着车速的变化而变化。
9. 可变转向比转向系
转向盘转动的角度与对应的车轮转动角度的比值。
10. 滑动式转向控制阀
阀体沿轴向移动来控制油液流量的转向控制阀。
11. 回转式转向控制阀
阀体绕其圆心转动来控制油液流量的转向控制阀。

五、简答题

略

项目六　制动系

一、填空题

1. 两套、行车制动装置、减速和停车、驻车制动装置、停车防止滑移
2. 供能装置、控制装置、传动装置、制动器

3. 鼓式制动器、盘式制动器
4. 固定部分、旋转部分、张开机构、调整机构
5. 人力制动系统、动力制动系统、伺服制动系统
6. 简单非平衡式、平衡式、自增力式
7. 制动盘、制动钳
8. 钳盘式、全盘式
9. 定钳式、浮动钳式
10. 散热好、稳定性好
11. 轴向
12. 助势
13. 制动盘、钳体、制动钳支架
14. 鼓式制动器、盘式制动器、带式制动器、弹簧作用式
15. 增压式、助力式
16. 真空增压、气压增压装置、真空增压式
17. 真空阀、空气阀
18. 最远、右后—左后—右前—左前
19. 整体式、分离式、制动主缸、液压调节系统、制动主缸、轮缸
20. 主电源继电器、油泵继电器、电磁阀继电器
21. 电动油泵、储压器、压力开关、液压调节器
22. 真空增压式、气压增压式、气压增压式
23. 真空阀、空气阀
24. 最远、右后轮—左后轮—右前轮—左前轮
25. 整体式、分离式、制动主缸、液压调节系统、制动主缸、轮缸
26. 主电源继电器、油泵继电器、电磁阀继电器
27. 鼓式、盘式
28. 驻车制动系、第二制动系、辅助制动系
29. 最大、最低
30. 制动踏板、制动总泵
31. 车轮制动式
32. 非平衡式、平衡式、自动增力
33. 真空增压式、气压增压式
34. 钳盘式、全盘式、制动
35. 固定钳盘式、浮动钳盘式、是以端面为、制动
36. 制动盘、分泵、制动钳、油管
37. 制动主缸、制动轮缸
38. 轮速、抱死
39. 轮速传感器 、制动压力调节装置、ABS 电控单元、制动控制电路
40. 动力元件、执行元件、控制元件、辅助元件、液压油

二、选择题

1~5DADBB　　6~10BBBAA　　11~15DABCB

16~20AABBB　　21~26BDCDC

三、名词解释

1. 增势蹄

制动蹄所受摩擦力与张开力绕同一支点的力矩相同。

2. 减势蹄

制动蹄所受摩擦力与张开力绕同一支点的力矩相反。

3. 简单非平衡式制动器

两制动蹄的支撑点都位于蹄的一端,两支撑点与张开力作用点的布置都是轴对称。

4. 单向助势平衡式制动器

只在前进制动时两蹄为助势蹄,倒车时两蹄均为减势蹄的制动器。

5. 双向助势平衡式制动器

在前进和倒车制动时两蹄都为助势蹄的制动器。

6. 单向自增力式制动器

制动器只在前进方向起增力作用的制动器。

7. 双向自增力式制动器

制动器在车轮正向和反向旋转时均借助于制动蹄与制动鼓的摩擦起自动增力作用的制动器。

8. 制动距离

按照规定的速度开始从脚踩到汽车完全停止此段距离。

9. 液力制动踏板的自由行程

为了消除推杆球头与制动主缸活塞之间的间隙所需的踏板行程。

10. 人力制动系

制动能源仅仅是驾驶员肌体的制动系统。

11. 动力制动系

用以进行制动的能源是空气压缩机产生的气压能或由油泵产生的液压能的制动系统。

12. 伺服制动系

在人力液压制动系的基础上加设一套动力伺服系统而形成的制动系统。

13. 中央制动系

制动器安装在变速器或分动器的后面,制动力矩作用在传动轴上的制动系统。

14. 轮边制动系

与车轮制动器共用一个制动器总成,只是传动机构是相互独立的制动系统。

15. EPB

电子驻车系统。

16. ESP

电子稳定系统。

17. ASR 或 TRC

驱动防滑系统。

18. TCS

牵引力制动系统或循迹控制系统。

四、判断题

1~5√×√√√　　6~10××√√√　　11~15√√√×√

16~20√×√√×　　21~25××√√√　　26~30√×√√×

31~35√√√××　　36~40√×××√　　41~42×√

五、简答题

略

测评一

一、填空题

1. 传动系统、行驶系统、转向系统、制动系统

2. 离合器、手动变速箱、万向传动装置(万向节、传动轴)、驱动桥(主减速器、差速器、半轴、桥壳)

3. 车架、车桥、悬架、车轮

4. 转向操纵机构、转向器、转向传动机构

5. 行车制动系统和驻车制动系统、制动器和制动传动机构

6. 发动机前置前轮驱动(FF 型)、发动机前置后轮驱动(FR 型)、发动机后置后轮驱动(RR 型)、发动机前置全轮驱动(XWD 型)

7. 滚动阻力、空气阻力、坡度阻力、加速阻力

二、判断题

1~5 ×√√√√

三、简答题

1. 简述汽车传动系统的功用与组成。

答:汽车传动系统的主要作用是将发动机发出的动力按需要传给汽车的驱动轮。不同类型汽车,其传动系统的组成也稍有差异。载货汽车和部分轿车的传动系统主要由离合器、手动变速箱、万向传动装置(万向节、传动轴)和驱动桥(主减速器、差速器、半轴、桥壳)等组成。现在,自动变速箱取代了传统车型的离合器和手动变速箱,成为大部分轿车的标准配置,其传动系统主要由自动变速箱、万向传动装置和驱动桥组成。对于越野汽车,在变速器后方还应增设分动器。

2. 简述汽车行驶系统的功用与组成。

答:汽车行驶系统的功用是安装部件、支承汽车、缓和冲击、吸收振动、传递和承受发动机与地面传来的各种力和力矩,并通过驱动轮与路面间的附着作用,产生路面对汽车的牵引力;传递并承受路面作用于车轮上的各种反作用力及其所形成的力矩;尽可能地缓和汽车行驶时由于路面不平对车身造成的冲击和振动,并且与汽车转向系统很好地配合,实现汽车行驶方向的正确控制,从而保证汽车的行驶平顺性和操纵稳定性。

行驶系统由车架、车桥、悬架、车轮等组成。

3. 简述汽车转向系统的功用与组成。

答:汽车转向系统的功用是在汽车行驶过程中,改变或恢复汽车的行驶方向,保证汽车能够按照驾驶员选定的方向行驶。汽车转向系统由转向操纵机构、转向器和转向传动机构三个基本部分组成。

4. 简述汽车行驶的驱动与附着条件。

答:汽车行驶的驱动条件为:驱动力必须大于滚动阻力、空气阻力、坡度阻力之和,才能加速行驶。

附着条件为:附着力(地面对轮胎的切向反作用力的极限值)必须大于驱动力,汽车驱动力才能避免产生滑转现象。

5. 汽车底盘的总体布置形式有哪些? 各有什么特点?

答:汽车底盘的布置形式有发动机前置、前轮驱动(FF 型),发动机前置、后轮驱动(FR 型),发动机后置、后轮驱动(RR 型),发动机前置、全轮驱动(XWD 型)。

发动机前置、前轮驱动(FF 型)布置形式,具有发动机散热条件好、操纵方便的优点,省去了很长的传动轴,使传动系统结构紧凑,降低了整车的重心。但这种布置形式的汽车上坡时驱动力、附着力会减小,而且前轮由于驱动兼转向,导致结构复杂、工作条件恶劣。

发动机前置、后轮驱动(FR 型)布置形式的优点是附着力大,能够获得足够的驱动力,整车的前、后质量比较平衡,起步加速好,操作稳定性好。缺点是传动部件多,传动系统质量大,传动轴占据了汽车的内部空间,空间利用不便。

发动机后置、后轮驱动(RR 型)布置形式,有利于车身内部的布置,结构紧凑,没有沉重的传动轴,也没有复杂的前轮转向兼驱动结构,可减小室内发动机的噪声。缺点是后轴负荷较大,在操控性方面会产生与 F 型相反的转向过度倾向。

发动机前置、全轮驱动(XWD 型)布置形式,使汽车的越野通过性能高,这是越野汽车所采取的布置形式。

测评二

一、填空题

1. 摩擦式
2. 主动部分、从动部分、压紧机构、操纵机构
3. 小,离合器打滑
4. 机械和液压
5. 离合器分离不彻底、离合器打滑、离合器发抖、离合器异响

二、判断题

1~5√×√√×　　6~10××√√√

三、简答题

1. 简述离合器的功用。

答:离合器的功用包括:①使发动机与传动系统逐渐接合,保证汽车平稳起步;②暂时切断发动机的动力传递,保证变速器换挡平顺;③防止传动系统过载。

2. 对离合器的要求有哪些?

答:离合器应满足的要求包括:①具有合适的储备能力,在保证可靠地传递发动机的

最大转矩而又不打滑的同时,能防止传动系统过载;②接合平顺,分离彻底;③具有良好的散热能力;④从动部分的转动惯量要小,以减少换挡时的冲击;⑤离合器还应操纵轻便,以减轻驾驶员的疲劳。

3. 离合器自由间隙、踏板自由行程的含义是什么? 简述两者的关系。

答:离合器自由间隙:离合器在正常结合状态下,分离杠杆内端与分离轴承之间预留的一定间隙。离合器踏板自由行程:踩下离合器踏板时,为了消除离合器的自由间隙和操纵机构零件的弹性变形所需要的离合器踏板行程。

两者关系:离合器踏板自由行程主要反映了离合器自由间隙,但是还包括消除操纵机构零件的弹性变形所需要的行程。

4. 简述离合器液压操纵机构的工作过程。

答:①不制动时,主缸活塞在回位弹簧的作用下处于最右端,主缸活塞皮碗处于进油孔和补偿孔之间。②制动时,踩下踏板,主缸活塞皮碗封闭补偿孔,主缸工作腔中的液压油(制动液或刹车液)被压入油管进入工作缸,推动工作缸活塞工作。③解除制动时,当放松踏板,在各个回位弹簧的作用下,主缸活塞和工作缸活塞回位。④当解除制动时迅速放松踏板,主缸活塞在回位弹簧作用下迅速右移,由于管路中的阻尼作用,油液回流较迟缓,从而在活塞前方形成一定真空度,在活塞前后液压差的作用下,少量油液即从进油孔经环形油室,推开弹性垫片所形成的单向,经 6 个小孔和被向前压弯的皮碗周围,流到前方填补真空。当活塞退回原位后补偿孔开放,进入的多余油液便经补偿孔流回储油室。

5. 离合器的常见故障有哪些?

答:离合器常见的故障有离合器分离不彻底、离合器打滑、离合器发抖、离合器异响等。

测评三

一、填空题

1. 手动变速器、自动变速器、手自动一体变速器

2. 不同齿数的齿轮啮合传动

3. 降低,大于;升高,小于

4. 摩擦式惯性同步器、锁环式惯性同步器和锁销式惯性同步器

5. 远距离操纵式和直接操纵式

6. 自锁装置、互锁装置、倒挡锁装置。

二、判断题

1~5××√√×

三、简答题

1. 手动变速器的变速原理是什么?

答:普通齿轮变速器是利用不同齿数的齿轮啮合传动来实现转矩和转速的改变的。由齿轮传动的基本原理可知,一对齿数不同的齿轮啮合传动时可以实现变速,而且两齿轮的转速比与其齿数成反比,主动齿轮转速与从动齿轮转速的比值称为传动比。当小齿轮为主动齿轮,带动大齿轮转动时,输出转速降低,称为减速运动,此时传动比大于 1;当大齿轮驱动小齿轮时,输出转速丌高,称为增速运动,此时传动比小丁 1。汽车变速器就是

根据这一原理利用若干大小不同的齿轮副传动实现变速的。

2. 简述二轴式手动变速器的动力传递路线。

答:①空挡。当离合器接合时,发动机动力传到输入轴,由于同步器未起到作用,因此动力不能传到输出轴,没有动力输出。②挂一挡时,一、二挡同步器向后移动,与输出轴一挡齿轮啮合。动力经离合器→输入轴→挡齿轮→输出轴一挡齿轮→一、二挡同步器→输出轴传给驱动桥。③挂二挡时二挡同步器向前移动,与输出轴二挡齿轮啮合。动力经离合器→输入轴→输入轴二挡齿轮→输出轴二挡齿轮→ 一、二挡同步器→输出轴传给驱动桥。④挂三挡时,三、四挡同步器向后移动,与输入轴三挡齿轮啮合。动力经离合器→输入轴→三、四挡同步器→输入轴三挡齿轮→输出轴三挡齿轮→输出轴传给驱动桥。⑤挂四挡时,三、四挡同步器向前移动,与输入轴四挡齿轮啮合。动力经离合器→输入轴→三、四挡同步器→ 输入轴四挡齿轮→输出轴四挡齿轮→输出轴传给驱动桥。⑥挂五挡时,五挡同步器向后移动,与输入轴五挡齿轮啮合。动力经离合器→输入轴→五挡同步器→输入轴五挡齿轮→输出轴五挡齿轮→输出轴传给驱动桥。⑦挂倒挡时,倒挡中间齿轮向后移动,同时与输入轴和输出轴倒挡齿轮啮合。动力经离合器→倒挡齿轮→倒挡中间齿轮→输出轴倒挡齿轮→输出轴传给驱动桥。

3. 简述手动变速器中同步器的作用、组成和类型。

答:同步器的功用是使接合套与待啮合的齿圈迅速同步,缩短换挡时间,并防止在同步前啮合而产生换挡冲击。目前所采用的同步器几乎都是摩擦式惯性同步器,常见结构为齿套、滑块、铜环形式的。

按锁止装置不同,可分为锁环式惯性同步器和锁销式惯性同步器。

4. 手动变速器操纵机构有哪些定位锁止装置？各有什么作用？

答:变速器操纵机构一般都具有换挡锁装置,包括自锁装置、互锁装置和倒挡锁装置。自锁装置用于防止变速器自动脱挡或挂挡,并保证轮齿以全齿宽啮合。互锁装置用于防止同时挂上两个挡位。倒挡锁装置用于防止误挂倒挡。

5. 手动变速器拆装的步骤是什么？

答:手动变速器拆卸步骤:拆卸输入轴和输出轴→分解输入轴→分解输出轴。手动变速器的安装步骤:按照相反的顺序组装输入输出轴;压入输入轴总成;安装一、二挡换挡拨叉,用锤子、錾子敲入限位销,安装倒挡惰轮和倒挡惰轮轴;安装输入轴时,要拉回三、四挡拨叉能够装入滑动齿套为止,同时应位于空挡位置,并用定位销固定好拨叉;放好新的密封环,将输入轴和输出轴及后壳体一起与壳体用 M8×45 螺栓连接;使用压床将输入轴支撑住;压入输入轴的向心轴承或组合式轴承;安装三、四挡拨叉轴上的小止动块,将换挡拨叉轴置于空挡位置;安装差速器;安装变速器后盖。

6. 简述手动变速器的常见故障现象和原因。

答:常见故障包括换挡困难、变速器跳挡、变速器乱挡、变速器异响、变速器漏油。换挡困难的原因包括:变速杆下端磨损或控制杆弯曲;拨叉或拨叉轴磨损、松旷、弯曲;自锁或互锁弹簧过硬、钢球损伤;操纵机构中控制连杆机构动作不良;同步器故障;变速器轴弯曲变形或花键损伤。跳挡的原因包括:变速杆没有调整好或变速杆弯曲,远程控制杆机构磨损或调整不良;拨叉轴向自由行程过大或凹槽位置不正确,拨叉轴凹槽磨损及拨叉磨损、变形；自锁钢球磨损或破裂，自锁弹簧弹力不够或折断；变速器轴、轴承磨损松旷或轴向间隙过大，以及变速器壳松动或与离合器壳未对准，造成轴转动时齿轮啮合不足而发生跳动和轴向窜动；齿轮或接合套严重磨损，沿齿长方向磨成锥形；同步器磨损或损坏。乱挡的主要原因是变速操纵机构失效。异响的原因包括：轴承发响；齿轮发响；操纵机构发响；其他原因发响。漏油的原因包括：变速器的盖与壳体之间安装松动或者密封垫损坏；油封磨损、变形或损伤，通气口堵塞、放油螺塞松动；齿轮油过多或齿轮油选用不当，产生过多泡沫；变速器壳龟裂或损伤或延伸壳破裂；车速表接头锁紧装置松动或破损。

测评四

一、填空题

1. N 或 P

2. 泵轮，涡轮，导轮

3. 泵轮和涡轮

4. 太阳轮、齿圈、行星架和行星轮

5. 离合器鼓、活塞、主动摩擦片、从动钢片、回位弹簧

二、判断题

1~5 ××√××

三、简答题

1. 液力变矩器的工作原理是什么？

答：液力变矩器工作时，壳体内充满 ATF，发动机驱动壳体带动泵轮旋转，泵轮的叶片将 ATF 带动起来，输入轴旋转时，液体从离心式泵轮流出，顺次经过涡轮、导轮再返回泵轮，周而复始地循环流动。泵轮将输入轴的机械能传递给液体。高速液体推动涡轮旋转，将能量传给输出轴。液力变矩器靠液体与叶片相互作用产生动量矩的变化来传递扭矩。

2. 简述单排行星齿轮机构的运动规律。

答：当固定件为齿圈时：主动件为太阳轮、从动件为行星架时，为减速传动低挡，挡位应用 1 挡；主动件为行星架、从动件为太阳轮时，为超速传动。当固定件为太阳轮时：主动件为齿圈、从动件为行星架时，为减速传动高挡，挡位应用 2 挡；当主动件为行星架、从动件为齿圈时，为超速传动，挡位应用超速挡。当固定件为行星架时：主动件为太阳轮、从动件为齿圈时，为反向减速传动，挡位应用倒挡；主动件为齿圈、从动件为太阳轮时，为反向超速传动。三个元件中任意两个连成一体时，为直接传动，挡位应用直接挡（3 挡）。当所有元件不受约束时，失去传动作用，挡位应用空挡。

3. 辛普森式行星齿轮变速机构各挡位动力传递路线是什么？

答：略

4. 辛普森式行星齿轮变速机构与拉威娜式行星齿轮机构有何不同？

答：辛普森式行星齿轮机构的每一个行星排都是单行星轮式行星齿轮机构，而拉威娜式行星齿轮机构是由一个单行星轮式行星排和一个双行星轮式行星排组合而成的。

5. 如何检修自动变速器油泵？

答：检查泵体的端部和侧面是否有擦伤；检修前轴瓦的磨损；检修油泵内齿（齿圈）与泵体的间隙，检修内齿圈与月牙形隔板的间隙（齿顶间隙），将检查结果与规范值相比较；

检修齿轮间的间隙。

测评五

一、填空题

1. 万向节、传动轴和中间支撑

2. 不等速万向节、准等速万向节和等速万向节

3. 15°~20°

4. 球笼式、球叉式和三叉式

5. 6 个

二、判断题

1~5×√√××　　　6~10√×√√×

三、简答题

1. 万向传动装置有何功用？它主要应用于哪些地方？

答：万向传动装置用来实现变角度的两转轴之间动力的传递。

万向传动装置主要应用于：变速器与驱动桥之间；变速器与分动器、分动器与驱动桥以及驱动桥的内、外半轴之间；断开式驱动桥的半轴之间；转向机构的转向轴和转向器之间。

2. 双十字万向节实现等角速传动的条件是什么？

答：第一万向节两轴间夹角与第二万向节两轴间夹角相等；第一万向节的从动叉与第二万向节的主动叉处于同一平面内，即传动轴两端的万向节叉在同一平面内。

3. 等速万向节的等速原理是什么？

答：等速万向节的基本原理是从结构上保证万向节在工作过程中，其传力点永远位于两轴交点的平分面上。一对大小相同锥齿轮的接触点位于两齿轮轴线夹角的平分面上，由接触点到两轴的垂直距离相等。接触点处两齿轮的圆周速度相等，两齿轮的角速度也相等。可见，若万向节的传力点在其夹角变化时始终位于两轴夹角的平分面上，就能保证两万向节叉保持等角速的传动关系。

4. 万向传动装置在装配时应注意哪些问题？

答：装配万向传动装置时，按与拆卸时的相反顺序进行。为保证万向传动装置的等速传动及满足动平衡的要求，安装时传动轴两端的万向节叉应在同一平面内，且使装配记号对准。

5. 简述万向传动装置常见的故障现象和原因。

答：传动轴动不平衡：在万向节和伸缩叉技术状况良好时，汽车行驶中发出周期性的响声，速度越高则响声越大，甚至伴随有车身振动。原因：传动轴弯曲或传动轴管凹陷、传动轴上的平衡块脱落；传动轴管与万向节叉焊接不正或传动轴未进行过动平衡试验和校准；伸缩叉安装错位，造成传动轴两端的万向节叉不在同一平面内，不满足等角速传动条件；中间支承吊架固定螺栓松动或万向节凸缘盘连接螺栓松动，使传动轴偏斜。

万向节松旷：在汽车起步或突然改变车速时，传动轴发出“吭”的响声，在汽车缓缓行驶时，发出“咣当、咣当”的响声。原因：凸缘盘连接螺栓松动；万向节主、从动部分游动角度太大；万向节十字轴磨损严重。

中间支承松旷:汽车运行中出现一种连续的"呜呜"响声,车速越高则响声越大。原因:滚动轴承因缺油烧蚀或磨损严重;中间支撑安装方法不当,造成附加荷载而产生异常磨损;橡胶圆环损坏;车架变形造成前后连接部分的轴线在水平面内的投影不同线而产生异常磨损。

传动轴异响:汽车行驶中传动装置发出周期性的响声,车速越高则响声越大,严重时伴随有车身振抖。原因:传动轴动不平衡,传动轴变形或平衡块脱落等;其次是中间支承吊架固定螺栓松动或万向节凸缘盘连接螺栓松动,使传动轴偏斜。

测评六

一、填空题

1. 主减速器、差速器、半轴和桥壳

2. 圆柱齿轮式主减速器、圆锥齿轮式主减速器

3. 差速器壳、十字轴、行星齿轮、半轴齿轮、半轴

4. 全浮式、半浮式

5. 齿面啮合印痕、齿侧啮合间隙

二、判断题

1~5×√×√√

三、简答题

1. 驱动桥由哪几部分组成? 驱动桥的功用是什么?

答:驱动桥主要由主减速器、差速器、半轴和桥壳等组成。

驱动桥的功用是将由万向传动装置传来的发动机转矩传给驱动车轮,并经过降速增矩,改变动力传递方向,使汽车行驶,而且允许左右驱动车轮以不同的转速旋转。

2. 分析单、双级主减速器的结构特点。

答:单级主减速器结构简单,质量轻,体积小,传动效率高。有些汽车需要较大的主减速器传动比,单级主减速器已不能满足足够的离地间隙,这就需要采用由两对齿轮降速的双级主减速器。

3. 怎样调整主、从动锥齿轮的啮合印痕和啮合间隙?

答:如果啮合印痕位置不正确,应进行调整,方法是移动主动锥齿轮,增加调整垫片的厚度,使主动锥齿轮前移;反之则后移。

如果啮合间隙不符合要求,则需要调整,方法是移动从动锥齿轮。当从动锥齿轮远离主动锥齿轮时间隙变大;反之则变小。移动从动锥齿轮的方法是将一侧的轴承调整螺母旋入几圈,另一侧就旋出几圈。在齿侧啮合间隙调整前应先将从动锥齿轮的轴承预紧度调整好。

4. 简述普通齿轮差速器的机构与工作原理。

答:应用最广泛的普通齿轮差速器为锥齿轮差速器,由差速器壳、行星齿轮轴、两个行星齿轮、两个半轴齿轮、复合式推力垫片等组成。行星齿轮轴装入差速器壳体后用止动销定位。行星齿轮和半轴齿轮的背面制成球面,与复合式推力垫片相配合,以减摩、耐磨。螺纹套用于紧固半轴齿轮。差速器通过一对圆锥滚子轴承支承在变速器壳体中,差速器壳体上通过螺栓装有主减速器从动锥齿轮。

工作原理:主减速器传来的动力带动差速器壳转动,经过行星齿轮轴、行星齿轮、半轴齿轮、半轴,最后传给两侧驱动车轮。

5. 简述差速器装配与调整的方法。

答:装配时,先将各齿轮和各齿轮背面的垫片(或止推轴承)的工作面上涂上润滑油,将垫片有油槽的一面朝向齿轮。行星齿轮和半轴齿轮后面的垫片一般不做调整,装配后用手指不费力就能使它们灵活转动即可,若转动费力或卡死,应该更换垫片。若磨损过度、间隙过大,应更换相应的止推垫片。差速器两个半壳进行装配时,应对正标记。差速器壳螺栓应按具体车型规定的拧紧力矩拧紧,并用开口销或锁紧铁片锁死。差速器装配后,将半轴插入半轴齿轮中,用手转动半轴,应转动灵活。用塞规从差速器壳窗孔测量半轴齿轮背面与差速器壳的间隙,正常值为 0.3~0.6 mm,最大不超过 1.0 mm。分别从四个孔测量, 其误差不应超过 0.2 mm。间隙过大或过小时,均应更换垫片。半轴齿轮轮齿大端端面的弧面与四个行星齿轮背面的弧面应相吻合,基本在一球面上。如不合适,应改变行星齿轮背面垫圈的厚度;调整后,重新检查半轴齿轮与行星齿轮转动时是否灵活及间隙是否符合要求。

测评七

一、填空题

1. 边梁式车架、中梁式车架、综合式车架和无梁式车架
2. 边梁、无梁
3. 车架
4. 转向桥、驱动桥、转向驱动桥、支持桥
5. 前轴、转向节、主销、轮毂
6. 转向驱动桥
7. 主销后倾、主销内倾、前轮外倾、前轮前束
8. 主销内倾
9. 因车轮外倾

二、判断题

1~5×××√√

三、简答题

1. 分别说明车架与车桥的功用。

答:车架是整个汽车的基体,是汽车的装配基础,发动机、变速器、传动机构、操纵机构、车身等总成和部件都安装在车架上。车架除承受静载荷外,还要承受汽车行驶时产生的各种动载荷。车桥位于悬架和车轮之间,其两端安装车轮,通过悬架与车架(或车身)相连,其功用是传递车架(或车身)与车轮之间各种载荷。

2. 车架主要包括哪些类型?各有什么结构特点?

答:车架的基本结构形式有边梁式车架、中梁式车架、综合式车架和无梁式车架。

边梁式车架:从宽度上看,分为前窄后宽、前宽后窄和前后等宽三种形式;从平面度上看,分为水平和弯曲两种形式。从断面形状上看,分为槽形、Z 形、工字形和箱形几种。中梁式车架:又称脊梁式车架,由一根贯穿汽车纵向的中央纵梁和若干根横向悬伸托架构

成。综合式车架：由边梁式和中梁式车架结合而成，车间的前段或后段近似边梁式结构，便于安装发动机或后驱动桥；中间采用中梁式结构，传动轴从中梁的中间通过，使之密封防尘。无梁式车架：以车身兼代车架，车身底板用纵梁和横梁进行加固，所有的零部件都安装在车身上，全部作用力由车身承受。

3. 车桥主要有哪些类型？它们的特点是什么？

答：按悬架结构不同，车桥分为整体式和断开式两种。整体式车桥的中部是刚性实心或空心梁，与非独立悬架配用；断开式车桥为活动关节式结构，与独立悬架配用，按车桥上车轮作用的不同，车桥分为转向桥、驱动桥、转向驱动桥、支持桥。在后轮驱动的汽车中，前桥不仅用于承载，而且兼起转向作用，称为转向桥；后桥不仅用于承载，而且兼起驱动的作用，称为驱动桥；越野汽车和前轮驱动汽车的前桥，除承载和转向的作用外，还兼起驱动作用，所以称为转向驱动桥；只起支承作用的车桥称为支持桥，挂车的车桥就是支持桥，支持桥除不能转向外，其他功能和结构与转向桥相同。

4. 车轮定位的主要参数有哪些？各起什么作用？

答：车轮定位主要包括主销后倾、主销内倾、前轮外倾、前轮前束四个参数。

主销后倾的作用是形成回正力矩，保证汽车直线行驶的稳定性，并使偏转的车轮自动回正。主销内倾具有使转向轮转向操纵轻便的作用，还具有使转向轮自动回正的作用。前轮外倾的作用是提高车轮工作的安全性和转向操纵的轻便性。前轮前束的作用是消除因车轮外倾所造成的不良后果，保证车轮不向外滚动，防止车轮侧滑和减小轮胎的磨损。

测评八

一、填空题

1. 轮毂、轮辋及轮辐
2. 辐板式、辐条式
3. 深槽
4. 高压胎、低压胎、超低压胎；有内胎轮胎和真空胎；斜交轮胎和子午线轮胎
5. 低压(超低压)、无内胎的子午线
6. 胎面(胎冠、胎肩、胎侧)、帘布层、缓冲层和胎圈
7. 帘布层
8. 单边

二、判断题

1~7√××√√×√

三、简答题

1. 车轮与轮胎的功用分别是什么？

答：车轮的功用是安装轮胎，承受轮胎与车桥之间的各种载荷的作用。轮胎的功用是支承汽车的质量，承受路面传来的各种载荷的作用。

2. 车轮不平衡有哪些危害和原因？如何检查与调整？

答：车轮不平衡会造成车辆在行驶中车轮抖动、转向盘振动等现象。原因：车轮碰撞造成的变形引起的质心位移；因轮毂和轮辋定位误差使安装中心与旋转中心难以重合；维修过程的拆装破坏了原有的整体综合重心；轮胎翻新中因定位精度不高而造成新胎冠厚

度不均匀而使重心改变；轮胎和轮辋以及挡圈等因几何形状失准或密度不均匀而先天形成的重心偏离；轮辋直径过小，运行中轮胎相对于轮辋在圆周方面滑移，从而发生波状不均匀磨损；高速行驶中制动抱死而引起的纵向和横向滑移，会造成局部的不均匀磨损；前轮定位不当。要进行车轮的动平衡检测，检测车轮动平衡常用离车式车轮动平衡机。过程：根据轮辋中心孔的大小选择锥体，装上车轮，用大螺距螺母上紧；打开电源开关，检查指示与控制装置的面板是否指示正确；用专用卡尺测量轮辋宽度，轮辋直径可由胎侧读出，用平衡机上的标尺测量轮辋边缘至平衡机机箱的距离，再用键入或选择器旋钮对准测量值的方法，将上述 3 个值输入到指示与控制装置中；放下车轮防护罩，按下启动键，车轮旋转，平衡测试开始，计算机自动采集数据；车轮自动停转或听到"笛"声按下停止键，并操纵制动装置使车轮停转后，从指示装置读取车轮内、外两侧不平衡量和不平衡位置；抬起车轮防护罩，用手慢慢转动车轮，当指示装置发出指示时，停止转动，在轮辋的内侧或外侧显示该侧平衡块质量；安装平衡块后可能产生新的不平衡，应重新进行平衡试验，直至不平衡量小于 5 g 指示装置显示"00"或"OK"时才能满意；测试结束，关闭电源开关。

3. 车轮的拆装步骤是什么？

答：车轮的拆卸：停稳车辆，用三角木掩住各车轮；用套筒扳手或扁头螺丝刀撬开车轮外盖，用车轮螺母拆装机或套筒扳手初步拧松各连接螺母；用千斤顶顶在指定位置，使被拆车轮稍离开地面；拧下车轮与轮毂连接的全部螺母，取下垫圈，并摆放整齐；边向外边拉边晃动车轮，从车轴上取下车轮总成车轮的安装：顶起车桥，套上车轮，将螺母初步拧在螺柱上；放下车轮并将车轮前后用三角木掩住，用扭力扳手或车轮螺母拆装机，按对角线顺序分 2~3 次拧紧车轮螺母，最后一次要按规定力矩拧紧安装后轮双胎时，要先拧紧内侧车轮的内螺母，再装外侧轮胎。

4. 轮胎的规格如何表示？

答：我国与大多数国家一样，采用英制表示法。斜交轮胎的规格：高压轮胎的规格一般用 D×B 表示；低压轮胎的规格一般用 B-d 表示。子午线轮胎的规格一般标注有字母"Z"，但有的用英文字母"R"表示。子午线轮胎断面宽度的单位为毫米，轮辋直径的单位为英寸，轮胎强度用字母或数字表示，扁平轮胎还表示扁平比（高宽比）。

测评九

一、填空题

1. 非独立悬架和独立悬架

2. 弹性元件、减震器和导向机构

3. 钢板弹簧、螺旋弹簧、扭杆弹簧、气体弹簧、橡胶弹簧

4. 迅速衰减由车轮通过悬架弹簧传给车身的冲击和振动，提高汽车行驶的平顺性

5. 防止车身在转向等情况下发生过大的横向倾斜

6 钢板弹簧式非独立悬架和螺旋弹簧式非独立悬架

7. 横臂式独立悬架、纵臂式独立悬架、车轮沿主销移动的独立悬架

8. 电控空气悬架系统、电控液压悬架系统

9 传感器、电子控制单元、执行机构

10. 半主动悬架和全主动悬架

二、判断题

1~5×√×√×

三、简答题

1. 非独立悬架与独立悬架的区别有哪些?

答:按导向机构的不同,悬架可分为非独立悬架和独立悬架。非独立悬架的结构特点是两侧车轮由根整体式车桥相连,车轮和车桥一起通过弹性悬架悬挂在车架(或车身)下面,所以一侧车轮发生位置变化后会导致另一侧车轮的位置也发生变化;独立悬架的车桥为断开式车桥,两侧车轮分别独立地与车架(或车身)弹性相连,所以两侧车轮的运动是相对独立的、互不影响的。

2. 弹性元件有哪些种类?它们各自的特点是什么?

答:弹性元件有钢板弹簧、螺旋弹簧、扭杆弹簧、气体弹簧、橡胶弹簧等。

钢板弹簧:兼起减震器和导向机构的作用。螺旋弹簧:与钢板弹簧相比,具有无须润滑、防污性强、占用纵向空间小及弹簧本身质量小的优点;但其只能承受垂直载荷,用它做弹性元件的悬架要加设导向装置;螺旋弹簧变形时,不产生摩擦力,所以在其悬架中必须装有减震器,用于衰减因冲击而产生的振动。扭杆弹簧:质量较轻,而且无须润滑,保养维修简便;可以节约纵向空间,适用于小型车及厢式车的悬架系统。气体弹簧:空气弹簧具有理想的变刚度特性,但只能承受垂直载荷,所以必须加设导向装置和减震器;油气弹簧刚度可变,具有良好的行驶平顺性,体积小,质量轻,但对密封性要求高,维护相对麻烦。橡胶弹簧:可以制成任何形状,使用时无噪声,不需要润滑,但其不适于支承重载荷,所以主要用作辅助弹簧,或用作悬架部件的衬套、垫片、垫块、挡块及其他支承件。

3. 简述减震器的结构及工作原理。

答:双向作用筒式减震器有三个同心缸筒,外面的缸筒是防尘罩,其上部的吊耳与车架相连。中间是储油缸筒,内装一定量的油液,其下端的吊耳与车桥相连。里面是工作缸筒,其内装满油液。它还有 4 个阀,即压缩阀、伸张阀、流通阀和补偿阀,压缩行程时,减震器被压缩,车轮靠近车身,减震器内的活塞向下移动,下腔的容积减小,油压升高。大部分油液冲开流通阀流入上腔,由于上腔被活塞杆占去了一部分空间,因而上腔增加的容积小于下腔减小的容积,于是另一部分油液就推开压缩阀,流回到储油缸筒内。油液通过阀孔时,受到一定的节流阻力,为克服这种节流阻力而消耗了振动能量,使振动衰减。伸张行程时,减震器受到拉伸,车轮远离车身,减震器活塞向上移动,上腔油压升高,流通阀被关闭,上腔内的油液压开伸张阀流入下腔。由于活塞杆的存在,自上腔流来的油液不足以充满下腔增加的容积,促使下腔产生一定的真空度,以致储油缸筒中的油液推开补偿阀流进下腔进行补充。这些阀的节流作用对悬架在伸张运动起到阻尼作用。

4. 电控悬架系统的作用是什么?简述电控悬架系统的工作原理。

答:电控悬架具有车高调节、悬架刚度和减震器阻尼系数“软—中—硬”有级转换控制的功用,从而改善汽车的乘坐舒适性和操纵稳定性。

工作原理:传感器将汽车行驶的路面情况(汽车的振动)和车速及启动、加速、转向、制动等工况转变为电信号,输送给 ECU,ECU 将传感器送入的电信号进行综合处理,输出对悬架的刚度、阻尼及车身高度进行调节的控制信号。执行结构按照 ECU 的控制信号,准确地动作,及时地调节悬架的刚度和阻尼系数及车身的高度。

测评十

一、填空题

1. 机械转向系统、动力转向系统

2. 转向操纵机构、机械转向器和转向传动机构

3. 可逆式

4. 转向器壳体、转向齿轮、转向齿条

5. 可分离式安全转向操纵机构、缓冲吸能式

6. 中间

7. 将螺母螺杆之间的滑动摩擦转变为阻力较小的转动摩擦

8. 断开

9. 10°~15°

10. 转向节臂、梯形臂

二、判断题

1~5×√×√√

三、简答题

1. 简述机械转向系统的工作过程。

答:汽车转向时,驾驶员转动转向盘,力矩通过转向轴、转向节和转向传动轴输入给转向器。经转向器降速增矩后,又经转向摇臂、转向直拉杆传给固定在左转向节上的转向节臂,使左转向节及装于其上的左转向轮绕主销偏转。同时,经左转向梯形臂、转向横拉杆和右转向梯形臂的传递,右转向节及装于其上的右转向轮随之绕主销同向偏转相同的角度。

2. 转向器的功用是什么?

答:转向器是将操纵机构的旋转运动转变为传动机构的直线运动,从而增大由转向盘传到转向节的力,并改变力的传动方向。

3. 简述循环球式转向器的工作原理。

答:当驾驶员左右转动转向盘时,通过带有万向传动装置的转向柱的传动,使转向螺杆转动,循环钢球在螺旋管状通道内滚动,形成“球流”。钢球在管状通道内绕行两周后,流出转向螺母而进入导管端,再沿导管的另一端流回螺旋管状通道。所以,在转向器工作时,两列钢球只是在各自的密闭流道内循环,而不至于脱出。钢球流动的同时,推动螺母螺杆轴线前、后移动。然后齿条带动齿扇摆动,使摇臂轴发生移动。最后,通过转向传动机构推动转向轮偏转,实现汽车转向。

4. 什么是转向盘的自由行程?它的范围一般有多大?如何调整?

答:转向盘的自由行程是指转向盘在空转阶段的角行程,这主要是由于转向系统各传动件之间的装配间隙和弹性形变所引起的。由于转向系统各传动件之间都存在着装配间隙,而且这些间隙将随零件的磨损而增大,因此在一定的范围内转动转向盘时,转向节并不随转向盘同步转动,而是在消除这些间隙并克服机件的弹性形变后,才做相应的转动,即转向盘有一空转角行程。一般汽车转向盘的自由行程应不超过10°~15°。

5. 机械转向系统常见的故障现象有哪些？

答：转向沉重：汽车在行驶中，驾驶员左右转动转向盘时，感到沉重费力，无回正感。当汽车低速转弯行驶和掉头时，转动转向盘感到超乎正常的沉重，甚至转不动。

低速摆头：汽车在低速行驶时，感到方向不稳，产生前轮摆振。

高速摆头：汽车行驶中出现转向盘发抖，车头在横向平面内左右摆动、行驶不稳定，包括以下两种情况：在高速范围内某一转速时出现；转速越高，上述现象越严重。

行驶跑偏：汽车直线行驶时，转向盘不在中间位置。必须紧握转向盘，预先校正某一角度后，汽车才能保持直线行驶，若稍放松转向盘，汽车会自动向一侧跑偏。

单边转向不足：汽车转弯时，有时会出现转向盘左右转向量或车轮转角不等。

测评十一

一、填空题

1. 气压式、液压式、电动式
2. 常流式、常压式
3. 转向油罐、转向油泵、转向控制阀、转向动力缸
4. 车速、转向情况、放大倍率
5. 液压式 EPS 和电动式 EPS
6. 流量控制式、反力控制式
7. 转矩传感器、车速传感器、电动机、电磁离合器、减速机构、ECU

二、判断题

1~5√××√×

三、简答题

1. 简述液压动力转向系统的工作原理。

答：汽车直行时，滑阀位于中间位置，滑阀内各油路均相通。此时动力转向系统没有助力作用，汽车保持直线行驶。当汽车向右转向时，顺时针转动转向盘，转向螺杆便随之转动，但转向螺母因车轮转向阻力较大不能立即做轴向移动，反而迫使转向螺杆带动滑阀并克服回位弹簧及反作用阀一侧的油压做轴向移动，致使滑阀进油口与通向动力缸左腔的油道相通，同时接通动力缸右腔油道与回油口。此时，从转向油泵输出的高压油进入动力缸左腔，推动活塞向右移动，使之对转向起助力作用，而动力缸右腔的油液则流回油罐。汽车向左转弯时，滑阀左移，改变油路，动力缸加力方向相反。

2. 简述液压动力转向系统主要元件的结构与功用。

答：液压动力转向系统分为转向装置和转向传动机构两大部分。液压动力转向装置的主要元件包括转向盘、转向柱、转向油泵、动力转向器、转向储油罐及油管等。转向油泵是动力转向系统的动力来源。转向储油罐的作用是存储、滤清和冷却动力转向系统的工作油液。

3. 简述液压动力转向系统的常见故障现象及其原因。

答：转向沉重：装有液压动力转向系统的汽车，在行驶中突然感到转向沉重，转弯后转向盘不能自动回正。故障原因：油泵驱动皮带过松或打滑；转向储油罐缺油（油液高度低于规定要求）；油路堵塞或滤清器污物太多；液压回路中渗入空气，各油管接头处密封不

良,有泄漏现象;油泵磨损、内部泄漏严重;油泵安全阀、溢流阀泄漏,弹簧弹力减弱或调整不当;动力缸或转向控制阀密封损坏。

转向时转向盘发抖:发动机运转时转向,尤其是在原地转向时滑阀共振,转向盘颤动或跳动。故障原因:储油罐液面低;油泵皮带松旷;油路中渗入空气;转向油泵输出压力不足;转向油泵流量控制阀卡滞。

左右转向轻重不同:汽车行驶时,左、右转向操纵力轻重不相等。故障原因:控制阀内有污物阻滞,使左右转动阻力不同;液压系统中动力缸的某一油腔渗入空气;油路漏损;转向控制阀阀芯(或滑阀) 偏离中间位置,或虽然在中间位置,但与阀体槽肩的缝隙大小不一致。

直线行驶转向盘发飘或跑偏:汽车直线行驶时,难以保持正前方向而总向一边跑偏。故障原因:油液脏污、转向控制阀回位弹簧折断或变软,使转向控制阀不能及时回位,转向控制阀阀芯(或滑阀)偏离中间位置,或虽然在中间位置,但与阀体槽肩的缝隙大小不一致;流量控制阀卡滞使油泵流量过大或油压管路布置不合理,造成油压系统管路节流损失过大,使动力缸左右腔压力差过大。

4. 简述电动式 EPS 的组成及工作原理。

答:电动式 EPS 是在机械转向器结构的基础上,增加电动式助力机构和转向助力控制系统,该系统通常由转矩传感器、车速传感器、电动机、电磁离合器、减速机构和 ECU 组成。

工作原理:当操纵转向盘时,装在转向轴上的转矩传感器不断测出转向轴上的转矩,并由此产生一个电压信号,该信号与车速信号同时输入 ECU,ECU 根据这些输入信号进行运算处理,确定助力转矩的大小和转向,即选定电动机的电流和转向,调整转向的助力。电动机的转矩由电磁离合器通过减速机构减速增矩后,加在汽车的转向机构上,使之得到一个与工况相适应的转向作用力。

5. 电控动力转向系统的检修作业内容有哪些?

答:基本检查:轮胎气压是否符合规定;转向节的润滑是否良好,有无过紧或松动,前轮前束是否符合规定;各转向拉杆及臂的球头是否润滑良好,有无过紧或松动;转向柱是否弯曲,有无碰擦;所有电器连接处是否连接可靠;油泵压力是否符合规定。

电子控制部件的检查:电磁阀的检查;ECU 的检查。

测评十二

一、填空题

1. 鼓式和盘式

2. 旋转部分、固定部分、促动装置、定位调整装置

3. 液压式和气压式

4. 气源和控制装置

5. 调压器

6. 增压式和助力式

7. 随滑移率增加而逐渐变小

8. 驻车制动器

9. 中央制动式和车轮制动式

10. 传动系统的传动轴

二、判断题

1~5√×√√×

三、简答题

1. 简述制动系统的基本组成与工作原理。

答：制动系统的基本组成：供能装置、控制装置、传动装置、制动器、其他装置。

工作原理：不制动时，制动鼓的内圆柱面与摩擦片之间保留一定间隙，制动鼓可以随车轮一起旋转。制动时，踩下制动踏板，推杆便推动制动主缸内的活塞前移，迫使制动液经管路进入轮缸，推动轮缸的活塞向外移动，使制动蹄克服复位弹簧的拉力绕支撑销转动而张开，消除制动蹄与制动鼓之间的间隙后压紧在制动鼓上。此时，不旋转的制动蹄摩擦片对旋转的制动鼓就产生一个摩擦力矩，其方向与车轮的旋转方向相反。制动鼓将此力矩传到车轮后，由于车轮与路面的附着作用，车轮即对路面作用一个向前的力。与此相反，路面会给车轮一个向后的反作用力，即车轮受到的制动力。各车轮制动力的总和就是汽车受到的总的制动力。放松制动踏板，在复位弹簧的作用下，制动蹄与制动鼓的间隙又得以恢复，从而解除制动。

2. 简述盘式制动器和鼓式制动器的工作原理及各自特点。

答：盘式制动器的工作原理：制动时，制动盘内侧的活动制动块在制动液作用下由活塞推靠到制动盘上，同时制动钳上的反作用力将附装在制动钳支架中的固定制动块也推靠到制动盘上，夹住制动盘使其制动。盘式制动器的优点：散热能力强，热稳定性好；抗水衰退能力强；制动时的平顺性好；结构简单，维修方便；制动间隙小，便于自动调节。缺点：制动时无助势作用，故要求管路液压较高；防污性差，制动片磨损较快。

鼓式制动器的工作原理：制动时，轮缸活塞在制动液压力的作用下向外推动制动蹄，制动蹄克服回位弹簧的弹力向外张开，压向制动鼓，产生制动力矩使汽车制动。

鼓式车轮制动器的特点：就制动效能而言，在基本结构参数和轮缸工作压力相同的条件下，自增力式制动器最优，以下依次为双向平衡式、单向平衡式和非平衡式。但就制动效能的稳定性而言，自增力式车轮制动器对摩擦系数的依赖性最大，因而其制动效能的稳定性最差，非平衡式车轮制动器制动效能的稳定性居中，平衡式车轮制动器的制动效能稳定性最好。

3. 气压式制动传动装置的工作原理是什么？

答：当踩下制动踏板时，拉杆带动制动控制阀拉臂摆动，使制动控制阀工作。储气筒前腔的压缩空气经控制阀的上腔进入后制动气室，使后轮制动，同时储气筒后腔的压缩空气经制动控制阀的下腔进入前制动气室，使前轮制动。当放松制动踏板时，制动控制阀使各制动气室通气，以解除制动。

4. 串联式双腔制动主缸的工作原理是什么？

答：不制动时，两活塞前部皮碗均遮盖不住其旁通孔，制动液由储液罐进入主缸。正常状态下制动，操纵制动踏板，经推杆推动后活塞左移，在其皮碗遮盖住旁通孔之后，后腔制动液压力升高，制动液一方面经出油阀流入制动管路，另一方面推动前活塞左移。在后腔液压和弹簧弹力的作用下,前活塞向左移动,前腔制动液压力也随之升高,制动液推开出油阀流入管路,于是两制动管路在等压下对汽车制动。

5. 分析液压制动系统的常见故障现象及其原因。

答:制动不灵的故障现象:汽车制动时,驾驶员感到减速度不足;汽车紧急制动时,制动距离太长。原因:制动主缸、轮缸、管路或管接头漏油,储液罐存油不足或无油;制动液变质或管路堵塞;制动系统内有空气;主缸、轮缸皮碗、活塞或缸筒磨损过度;主缸进油孔、补偿孔或储液罐通气孔堵塞;增压器或助力器效能不佳或失效;制动踏板自由行程太大;制动蹄摩擦片与制动鼓(盘)贴合面不佳或制动间隙调整不当;制动蹄摩擦片表面硬化、烧焦、油污及铆钉头露出;制动鼓磨损过甚或制动时变形。

制动失效的故障现象:踩下制动踏板,车辆不减速,即使连续踩下制动也无明显减速作用。原因:主缸储液罐内无制动液;主缸皮碗严重破裂或制动系统严重泄漏:制动软管或金属管断裂;制动踏板至主缸的机械连接脱开。

制动跑偏的故障现象:汽车制动时,车辆行驶方向发生偏斜。原因:左右车轮制动蹄摩擦片材料不同或新旧程度不同;左右车轮制动蹄摩擦片与制动鼓(盘)的接触面积、位置不同或制动器间隙不等;左右车轮轮缸的技术状况不同,造成起作用时间或张开力大小不等:左右车轮制动蹄回位弹簧弹力不同;左右车轮轮胎气压、直径、花纹或花纹深度不同;左右车轮制动鼓的厚度、直径、工作中的变形程度和工作面的粗糙度不同;单边制动管凹瘪、阻塞或漏油;单边制动管路或轮缸内有气阻;单边制动蹄与支承销配合紧或锈蚀;车架车桥在水平面内弯曲,车架两边的轴距不等或前钢板弹簧刚度不等。

制动拖滞的故障现象:抬起制动踏板后,全部或个别车轮的制动作用不能立即完全解除,以致影响了车辆重新起步、加速行驶或滑行,汽车行驶阻力增大,制动鼓发热。原因:制动踏板无自由行程;制动踏板与其轴的配合缺油、锈污或踏板回位弹簧脱落、拉断及弹力太小等;主缸活塞回位弹簧折断或预紧力太小,皮碗的长度太大或皮碗发胀、发黏,补偿孔被污物堵塞;轮缸皮碗发胀、发黏或活塞发卡;制动蹄回位弹簧脱落、折断或弹力下降;制动蹄与支承销锈污;制动蹄与制动鼓(盘)间隙调整不当,制动放松后仍局部摩擦;通往各轮缸的油管凹瘪或堵塞,导致回油不畅;不制动时增压器辅助缸活塞中心孔打不开;轮毂轴承松旷。

测评十三

一、填空题

1. 滑移成分在车轮纵向运动中

2. 零

3. 黄

4. 电磁式和霍尔式

5. 1 mm

6. 驱动轴

7. 循环式和可变容积式

8. 二位二通电磁阀和三位三通电磁阀

9. 串联

10. 输入级电路、运算电路、电磁阀控制电路和安全保护电路

二、判断题

1～5×√√√√

三、简答题

1. 简述 ABS 的基本结构与工作原理。

答:ABS 通常由轮速传感器、制动压力调节器、ECU 和 ABS 警示装置等组成。

工作原理:通过每个安装在车轮上的轮速传感器,将各车轮的转速信号及时输入 ECU,ECU 根据输入的信号对各个车轮的运动状态进行检测和判定,并形成相应的控制指令,适时发送给制动压力调节器,以便对各制动轮缸的制动压力进行调节。

2. 如何检测轮速传感器?

答:轮速传感器检测方法包括:①传感器的外观检查;②传感头与齿圈齿顶端面之间间隙的检查;③传感器电磁线圈及其电路的检测;④模拟检查。

3. 分析二位二通电磁阀式制动压力调节器的工作过程。

答:常规制动过程:踩下制动踏板,ABS 尚未工作时,两电磁阀均不通电,进油电磁阀处于开启状态,出油电磁阀处于关闭状态,制动轮缸与低压储液器隔离,与主缸连通。制动主缸里的制动液被推入轮缸产生制动。

压力保持过程:当 ABS 的 ECU 通过轮速传感器检测到车轮的减速度达到设定值时,进油电磁阀通电关闭,出油电磁阀仍处于断电关闭状态,轮缸里的制动液处于不流通状态,保持制动压力。

压力减小过程:当 ABS 的 ECU 通过轮速传感器检测到车轮趋于抱死时,进、出油电磁阀均通电,轮缸与低压储液器相通,轮缸里的制动液流到低压储液器,制动压力减小。同时电动回油泵通电运转,及时将制动液泵回主缸,踏板有回弹感。

压力增高过程:当 ABS 的 ECU 通过轮速传感器检测到车轮的加速度达到设定值时,进、出油电磁阀均断电,进油电磁阀开启,出油电磁阀关闭,同时回油泵通电,将低压储液器里的制动液泵到轮缸,制动压力增高。

4. 如何检测制动压力调节器?

答:制动压力调节器的检测包括电磁阀、电动液压泵及继电器的检测。使用仪器进行检测时,进入诊断功能后仪器将按左前轮→右前轮→左后轮→右后轮的顺序进行。

5. ABS 故障诊断的一般程序是什么?

答:①汽车进厂;②询问客户故障现象发生的条件、时机,以及是否检修过、检修的部位;③直观检查包括驻车制动器能否完全释放、制动液位是否正常、各管路接头是否有渗漏、导线及插接器连接是否可靠、熔断器是否可靠、蓄电池电压是否正常;④读取故障码;⑤若有故障码,ABS 工作后,先清码再读码,其目的是排除历史故障码,若故障码仍然存在,则根据故障码的提示进行检修;⑥若无故障码,根据 ABS 的基本原理,结合电路图,利用万用表、示波器等逐一对各元件性能进行检查。

模拟试题一

一、填空题

1. 推式膜片弹簧、拉式膜片弹簧

2. 大于、等于

3. 液力变矩器、齿轮变速机构、液压供给系统、换挡控制系统

4. 常压式、惯性式、自动增力式、惯性式

5. 限压阀、比例阀、感载阀、惯性阀

6. 传感器、电子控制器、执行器、警告灯

二、判断题

1~5√√√×× 6~10 ×√√×√ 11~15 √√×√√

16~20 ××√√√

三、选择题

1~5BACCD 6~10ABCBA 11~15BDBAC 16~20AAAAB

四、简答题

1. 什么是主销后倾角？作用是什么？

答：主销轴线和地面垂线在汽车纵向平面内的夹角就是主销后倾角。作用是保持汽车直线行驶的稳定性，并促使转弯后的前轮自动回正。

2. 什么是空气阻力？

答：汽车向前行驶时，前部承受气流的压力而后部抽空，产生压力差，此外空气与车身表面以及各层空气之间存在摩擦，再加上引入车内冷却发动机和室内通风以及外伸零件引起气流的干扰，所形成的阻力。

五、问答题

主减速器圆锥滚子轴承预紧度为什么需要调整？预紧力过大、过小有什么危害？

答：主、从动锥齿轮工作时承受着巨大的负荷，支承它们的圆锥滚子轴承在主减速器安装时应具有一定的预紧度。其目的是减小在锥齿轮传动过程中产生的轴向力引起的齿轮轴的轴向位移，以提高轴的支承刚度，保证锥齿轮副的正确啃合；若预紧力过大（过紧），则会使传动阻力增大，传动效率降低，加速轴承磨损，若预紧力过小（过松），会使轴的支承刚度下降且会破坏齿轮副的正常啮合。

模拟试题二

一、填空题

1. 行驶系、转向系

2. 中断动力

3. 弹性元件、减震器

4. 导轮

5. 挠性万向节

6. 主减速器、差速器

7. 悬架

8. 燃料消耗

9. (汽车)转向系

10. 主销后倾、主销内倾、前轮外倾

二、选择题

1~5CCBAD　　6~10AABBC

三、判断题

1~5√×√√×　　6~10√××√×

四、名词解释

1. 独立悬架

车桥做成断开的,每一侧的车轮可以单独地通过弹性悬架与车架(或车身)相连,两轮可彼此独立地相对于车架上下跳动。

2. 液力变矩器的变矩系数

液力变矩器的输出转矩(或涡轮转矩)与输入转矩(或泵轮转矩)之比。

3. 前轮前束

前轮安装后,同一轴上两个前轮的旋转平面不平行,前端略向内束,这种现象称为前轮前束。

4. 制动跑偏

汽车同轴上的左右车轮制动力不等或生效时间不一致,当汽车制动时,将导致汽车偏向制动力较大或制动较早的一侧。

五、综合分析题

1. 发动机排气管为什么会冒黑烟?

答:发动机排气管冒黑烟,说明发动机燃油过多,未能完全燃烧。引起汽油机冒黑烟的原因有:发动机超负荷工作;空气滤清器堵塞,充气量不足;阻风阀未能全部打开;浮子室油面过高;主量孔及针阀通道过大;点火时间过迟等。

2. 离合器打滑的原因是什么?

答:①离合器踏板自由行程过小或没有自由行程,分离轴承经常压在分离杠杆上,使离合器处于半分离状态。②压紧弹簧弹力下降。③摩擦片、压盘严重磨损或表面硬化或油污。④离合器盖螺栓松动。⑤分离杠杆调整不当。

模拟试题三

一、判断题

1~5××√√√　　6~10××××√

二、单项选择题

1~5BBAAD　　6~10BDACC

三、填空题

1. 从动、压紧机构、压紧

2. 主减速器、差速器、桥壳

3. 有级、无级

4. 内滚道、球笼、钢珠

5. 浮动钳式

6. 导向元件、减震器、横向稳定杆

四、识图题

指出方框中1~10序号零件的名称。

1. 弹簧　2. 减震器　3. 转向器　4. 转向轴　5. 方向盘

6. 半轴　7. 球笼式万向节　8. 转向驱动桥　9. 转向节　10. 车轮

五、简答题

1. 说明轮胎规格P215/60R16 95H中数字、字母的含义。

答：P：乘用车轮胎；215：轮胎断面宽度，mm；60：扁平率，60%；R：子午线轮胎；16，轮胎内径16in；95：载荷等级；H：速度等级。

2. 简述差速器的速度特性。

答：直行时：行星齿轮只公转无自转，两半轴速度相等，等于差速器壳体转速。

转弯时：一侧半轴转速减小，另一侧半轴转速增加，一半轴转速的减小量与另一半轴转速的增加量相等。此时，左右两半轴转速之和仍等于差速器壳体转速的2倍。

3. 简述机械转向系的基本组成，解释转向盘自由行程和常见自由行程范围。

答：由转向操纵机构、转向器和转向传动机构组成。转向盘自由行程是指转向盘在空转阶段的角行程，即转向盘左右转动，而转向轮不动对应的转向盘转角一般为10°~15°。

4. 试比较独立悬架与非独立悬架的特点。

答：非独立悬架：两侧车轮安装于一整体车桥上，车轮和车桥一起通过弹性元件悬挂在车架或车身上。两侧车轮互相影响，车轮平顺性较差。

独立悬架：两侧车轮分别独立地与车架或车身弹性连接，一侧车轮受到冲击时，不会影响另一车轮。独立悬架与断开时车桥配用。